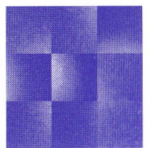

日本女性はどこにいるのか

イメージとアイデンティティの政治

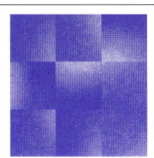

北村 文

keiso shobo

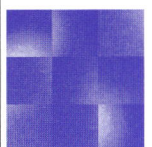

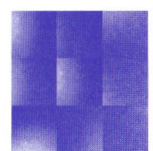

序

みなす、ということに含まれる政治がある。
みせる、ということに含まれる政治がある。
そのふたつが複雑にからまりあうところに、アイデンティティというものが生起する。

日本女性とは誰のことか。彼女らはどこにいるのか。
どこにでも、ほらそこに、と、言う人がいるだろう。ほらここに、と、手を挙げる人もいるかもしれない。あるいは私のことを指差して、あなたこそが、と言うこともできるだろう。たしかに私は率先して日本女性代表としての意見を言うことがあるし、でも、別の文脈では日本女性だということを忘れていたり、日本女性でないふりをしたりすることもある。知らないうちに日本女性として扱われるときもあるし、それに反発することも反発したくてもできないこともある。私は状況に応じて、可能な方法で、私なりにこざかしく立ち回りながら、でも、うまくいかなかったりもしながら、日本女性を演じたり演じなかったりする。だから、日本女性はどこにいるのか、などという問いに答えることは実はやさしくない。私自身が日本女性であったりなかったりするというのに、誰のことを指差して、ほらそこに、と言えるだろう?

みなす者とみなされる者の思惑は、往々にして食い違う。私のことなのに、私ひとりが操れるものではない。それがアイデンティティというものの難しいところだ。ナショナリティ、エスニシティ、ジェンダー、そのいずれも、思うほどに明白な事実ではないから。日本のパスポートを持ちながら日本に帰属意識を持たない人もいれば、帰属意識があるのに日本籍を与えられない人もいる。女だ男だというのにも幾層もの異なるレヴェルがあって、そのすべてがたまたま一致していて楽に生きていける人もいれば、そのなかに齟齬があってしんどい人がいるし、なかにはそれでもしんどくないという人もいるだろう。私たちはつねに、社会が課してくる数かずのカテゴリーにさらされていて、どこかにすとんと入りこめるときもあれば、その線引きに身を切られてしまうこともある。その安心感と閉塞感のことを、痛みや喜びやそのどちらでもない微妙な気分のことを、考えたい。

日本女性であるのは私だけではないし、日本女性でないのも私だけではない。日本女性と呼ばれていやだったりするくせに日本女性としてものを言ったりするのも、その自己矛盾にやりきれなくなりつつもほくそ笑んでいたりするのも、私だけではなかった。東京とホノルルの二都市で、私は六十四名の日本女性と話をした。ただ、私たちの誰もまだ、うまく言えていない気がする。わかりやすい、耳ざわりのいい言説はあふれているけれど、そのどれでもない。私たちのことばがなくて、ぽかんと穴が空いているのに、埋めようとするととたんに塞がってしまう。「差別」とか「抑圧」とか言われるととたんに興味を失ってしまうあまのじゃくな私たちには、別の言い方が必要だ。

語彙をみつけようとしている。このしんどくてやっかいで、複雑できゅうくつな、しかし私たちにとって大切なことを語るための、ことばを探している。目新しいものではないし、正確ですらないかもしれない。ただ、ここにある現実を、今あるのとは違う言い方で言ってみたときに生じる、そのずれに胚胎するちからのことを言おうとしている。

本書は、日本女性がどこにでもいそうでどこにもいないということを、アイデンティティというものが確かにありそうなのにつかみどころのないものであるということを、繰り返し言う。アイデンティティ理論の蓄積は、いかにそれが虚構であり強迫であるかを暴いてきたが、しかし、私たちがこのことばに託すものがなくなったわけではない。決してぴったりと同じ（identical）ではないし、はっきりと見定められる（identifiable）ものでもありえないけれど、私たちが持っている、持たされている、自分が何かであるという感覚（identity）。この奇妙な語義矛盾の、経験的諸相を明らかにする。

第一章で私は、この問題を考えるための理論的背景について述べる。〈日本女性〉と言いなおすことで、ひとりひとりの女性たちとは離れた次元にある複雑な政治的力学――イメージの、カテゴリーの、アイデンティティの――を明らかにし、ひとつの視座として提示する。オリエンタリズムをはじめとする表象の政治学から社会的相互行為論、そしてポスト構造主義のジェンダー・アイデンティティ理論までを見渡すことになる。第二章はそれを受けて、私が本書で用いる方法について論じる。私の問いと、それを解くために私が立った位置を考えたとき、もっとも適しているとおもわれたのはフェミニスト・エスノグラフィーと呼ばれる一連の方法論であった。しかしその限界にもまた無意識でいられない私が、それでも「日本女性による、日本女性のための」研究を進めていくための方途を探る。第三章では、先行研究のレヴューとして、特に英語圏の日本女性研究を、人類学と社会学を中心に批判的に検討する。日本女性について、誰が何をどのように言ってきたのかを知ることで、これまで言われてこなかったこと、そして、学術的言説をも支配する権力構造があるということを明るみにだす。

続くふたつの章は、私が独自に行ったインタヴュー調査に基づく分析である。第四章では国際的経験を有する日本女性たちのライフ・ストーリーを、特に、日本から西洋への移動という要素に焦点を当てながら追い、また第五章では、そうした女性たちの語りの様態を、アイデンティティ・ナラティヴとして分析する。そこで明らかになるのは、女性たちが自ら語りだす経験やアイデンティティの多様性と複雑性、そして何よりも、従来の議論のなかではじゅうぶんに汲まれてこなかった矛盾や非一貫性、そこに孕まれる女性たちのエイジェンシーである。私は、女性たちのことばの多くを引用するが、それを要約したり編集したりすることを避ける。彼女らの経験を分類したりモデル化したり、縦軸横軸をとって四象限を描いたりすることもない。そうしないことで、そうできないと言うことによって、彼女ら自身が示す意味や価値の豊かさに、その危険性や限界も含めて、目をやる。

こうして私が示す日本女性像が、唯一のほんとうの姿だというのではない。ただ、六十四名の日本女性たちと私のことばが生みだすだろう小さなずれや混乱に、その可能性に、光を当てようという試みである。第六章はすべての議論を受けて、〈日本女性〉という視座が導く、経験的、方法論的、そして理論的含意を確認する。

私がここに著すのは、エスノグラフィーという不可能な試みだ。日本女性たちが日本女性になったりならなかったりする、その身をひらりと翻したり、あるいは重くひきずってみたりする様子を、そしてそれもまたすぐに消えてしまう瞬間を、不可能だと知りながら書きとろうとしている。それはもしかすると、私が信じるように彼女らを描こうとする、作為的な、乱暴な作業にみえるかもしれない。けれど私は、そうでない研究も執筆もあり得ないとおもっている。統計資料を用いようとインタヴューデータを用いようと、私たちは「知識」とか「事実」とかいうものを躍起になってつくろうとしているに過ぎず、だから、そうでないふりをしようと努力するぐらいなら私は、私にとっていちばん大切な政治をここで明示的に行おうとおもう。女性たちのことばを切りとり、つなぎあわせ、紡いでいくことで。そのなかで何度も失敗しては血を流し、それをも織りこんでいくことで。そのせいで私のエスノグラフィーは、わかりやすい、きれいに整ったものではなくなるだろう。矛盾や緊張を抱えこみ、すぐにくずれてしまいそうに不安定な、けれど確かな重みのある、それゆえに力強く心を打つものとなるだろう。それこそが、私たちが私たちのことばで言う、私たちの姿——どこにでもいそうな、でも、どこにもいない——なのだとおもっている。

日本女性はどこにいるのか

イメージとアイデンティティの政治

／

目次

第一章 〈日本女性〉とは何か

カテゴリー、イメージ、アイデンティティの政治

私は私を成りたたせる言語の外にはいない。けれども私は、「私」を可能にする言語によって決定づけられているわけでもない。

Judith Butler, *Gender Trouble: Feminism and the Subversion of Identity*

1 〈日本女性〉？

日本の女性たちは国際的場面でどのような経験をするのか——私が立てたこの問いは、きわめてシンプルなものに聞こえることだろう。だから実際に海外に住んだり異文化交流に関わったりしたことのある人に話を聞いてみる——わかりやすい、ありがちな企てにもみえることだろう。

しかしここで私は、〈日本女性〉という奇妙な言い方をする。そうする必要がある。第一に、そこには「蝶々夫人」とか「大和撫子」とかいう表象が、そして「おとなしい」とか「男性に従属的」とかいう特殊な意味が、社会的に付与されているから。第二に、私が状況によって日本女性であったりなかったりする、自分ではそういうつもりがないのにそうみなされたり、逆にそうみなしてもらえなかったりする、社会的過程があるから。そして第三に、私はそうした社会的な意味や社会的な過程と無関係にはいられず、いつも顕在的に潜在的に「日本女性」という社会的地位に立たされているから。

言い換えよう、〈日本女性〉は第一にイメージとして、第二にカテゴリーとして、そして第三にアイデンティティとして、それぞれに問題をなす。メディアの描く日本女性像が実態からずれているとかいないとか、パスポートや戸籍に日本女性だと書いてあるとかないとか、自分のことを日本女性だと感じたことがあるとかないとかいうのとは別の次元で、日本女性という存在があたかも実体であるかのように思わせる、構造的な問題がある。〈日本女性〉と、括弧をつけて言うことで私は、それが創られたものであり、浮かんだり沈んだりするものであり、そして、誰かがなったりならされたりするものであるということを、そしてそのすべてが、社会的な、きわめて政治的な過程だということを言おうとしている。本章ではまず、イメージ、カテゴリー、アイデンティティ、それぞれの政治について考えていこう。

2　イメージの政治――〈日本女性〉は二重に他者化されている

まず、ふたつの問いをたてよう。「日本女性」にはどのようなイメージがあるのか。そして、それらはなぜ問題なのか。これだけ情報が氾濫し、海外進出する日本女性が後を絶たない時代に、着物を着て髪を結ったゲイシャガールがいると信じている人なんていない、と多くの人がおもっている。グローバル化がステレオタイプの問題を解決する、あるいは、もうしたと言う人もいる。そのとき私たちは、何を問題視し、問題化するべきなのだろうか。

「囚われの蝶々」

イメージとしての日本女性はいろんなところにいる。小説や映画に、新聞や雑誌に、芸術作品のなかに、学術文献のなかに、そしてインターネット上に。そうした表象の蓄積は、すでに分析の俎上に乗せられてきてもいる。

定石どおりに、「世界でいちばん有名な日本女性」（小川 2007:5）であり、「西洋ですでに確立された日本女性の表象」（島津 1996:355）であるところの、ジャコモ・プッチーニのオペラ作品『蝶々夫人（*Madama Butterfly*）』に触れよう。小川さくえは、プッチーニ作品に先駆けた、西洋男性と日本女性との恋愛小説の数かずのなかで、「日本（アジア）女性に関する雑多な情報や知識が、相互に網の目のように絡み合い、引用しあうテクストの総体を形成し、その中から、徐々に重要な語彙だけが抽出され、繰り返し使用されることによって、日本女性のイメージが確立されていった」（小川 ibid.:58-59）という様子を追う。それはつまり、美しい着物を身にまとい、たどたどしい英語を話し奇妙な習慣を身につけた、しかし西洋の価値や文化を習得しようと努力する、いじらしい、可憐な女性たちの像であり、しかも彼女らのストーリーの背景には、サクラやゲイシャやサムライといった要素がふんだんに散りばめられてもいる――「まったくこれほどまでに西洋人を瞠目させる絢爛かつ奇矯なものが考えられようか」（小川 ibid.:110）。

そうした系譜のなかで完成されたオペラ『蝶々夫人』は、したがって、アメリカ人男性を愛し、彼に尽くし、彼を待ち、しかし裏切られて自害する、悲劇のヒロインとしての日本女性を描きだす。小川はそこに、「非合理性」「エロティシズム」そして「死」や「混沌」、すなわち西洋近代社会が排除しようしたものを、蝶々さん、すなわち、日本女性という他者に付与しようとする動きをみいだす。そうすることで西洋――それは暗に男性を指す――の秩序は、東洋の女性の犠牲のうえに維持されることになる。(1)

美しい、はかない、か弱い、可憐な、おとなしい、いじらしい……、キーワードはすでに明らかだろう。そのように日本および東洋の女性を描くことは、ひるがえって、そうした劣位の弱者に手を差しのべる強く雄々しい西洋男性、という姿を確立しようとすることに他ならない。あるいはエキゾティックでエロティックな女性を征服し操作することのできる男性、さらには非合理的で不可解な女性を冷徹に突き放すことのできる男性、という姿を。そのメロドラマに感涙する聴衆は現代でも後を絶たないが、私たちはそこに潜む政治的な力学を見落とすわけにはいかない。『蝶々夫人』を貫く、西洋と東洋のあいだの権力的な構造、それは、エドワード・サイードが「オリエンタリズム」として概念化した作用に他ならない。

オリエンタリズムとは結局、現実についての政治的ヴィジョンなのであり、身うち（the familiar）（ヨーロッパ、西方、「我々」）と他人（the strange）（オリエント、東方、「彼ら」）とのあいだの差異を拡張する構造をもつものだったからである。（Said 1978=1993: 上 107）

また、サイードを敷衍して、上野千鶴子は次のように言う。

「オリエンタリズム」というと、「東洋」をエキゾチックで神秘的、それと同時に愚昧で遅れた「他者」としてとらえる視線のことですが、誤解を招きやすいのは「オリエンタリズム」とは「東洋」の属性ではなく、「西洋」が自分の優越性をうちたてる自意識のあり方のことなんです。……だから、ジェンダーとも最初から深く結びついています。なぜならそういう眼差しを向ける主体はもっぱら男ですから、相手を女性化する傾向があります。そして「男」の主体意識とは「女」という「他者」を媒介に成立するからです。（上野 1998a: 79）

この「政治的ヴィジョン」そして「眼差し」は、日本女性たちとは無関係に、彼女らの力のおよばぬところで、形成され維持され強化されていく。

島津友美子もまた、「西洋のオリエンタリストが描く典型的な日本女性の外見も、百年間、驚くほど変化が少ない」（島津 1996：361）と、十九世紀後半から現代に至る文学作品およびメディア記事を概観して言う。美しい愛くるしいと絶賛されると同時に、労働市場から締め出され再生産労働に囲いこまれていると憐れまれる、そして唐突に着物をまとって男性にかしずいたりする日本女性像は、「西洋の男の支配幻想（パワーファンタジー）」（島津 ibid.：360）の対象に他ならない。同様にトレーズ・ヤマモトは、『サヨナラ（*Sayonara*）』や『八月十五夜の茶屋（*The Teahouse of the August Moon*）』などの戦後アメリカ映画における日本女性表象を分析するなかで、日本女性に二重に付された他者性を指摘して言う、「日本の女性には、そしてより重要なことに日本女性の身体には、快楽のもとに領有し支配することができる人種とジェンダーの差異が刻印されている」（Yamamoto 1999：21–22）。より端的にカレン・ケルスキーのことばで言うならば、日本女性は現代消費社会における「もっとも流行りの商品」（Kelsky 2001：18）――西洋男性が「快楽のもとに領有し支配する」ための――なのである。

こうした言説は、しかしながら、ただ大衆的なレヴェルで流布しているだけではない。ヨシ・クズメによる一八六〇年代から一九七〇年代までのアメリカ知識者層のテキスト分析においても、同様の「政治的ヴィジョン」が指摘されている（Kuzume 1990）。重要なのは、クズメによれば、識者や学者たちの描く日本女性像の変遷は、現実に起きた変化とは独立したものだということ、「ステレオタイプの変化や進化は、日本女性の地位の変化を直接に反映したものであるというよりは、アメリカ人研究者のもつイメージの反映であった」（Kuzume ibid.：41）ということだ。したがって日本の女性たちはここでも、彼女らに注がれる「眼差し」に弄ばれることになる。中上流階級の保守層には下品でふしだらだと蔑まれ、宣教師たちには性的抑圧の犠牲者と呼ばれ、フェミニストからは自由だ自律的だと言われる、というように。

イメージとしての〈日本女性〉は、したがって、「見る」側にとって有益で便利なように操作されるもの、すなわち「矛盾し、不安定な、活動的なイデオロギー」（Lee 1999：12）である。そこで強調されるのは、客観的な観察や比較の結果導き出された差異では決してなく、とある政治的な企てのもとに構築された差異である。だから、〈日本女性〉が時にはかなくおとなしく、またあるときには性的に放埒で、と意味を変えたとしても驚くに値しない。シェリダン・プラッソが言うように、アメリカのメディアには、男性に追従的な「ゲイシャガール」と男性を支配する「ドラゴンレディー」という両極端のアジア女性イメージが繰り返し現れるけれど（Prasso 2005）、どのようなイメージのもとで語られようとも、それは「西洋」によって「男性」によって一方的に付与されたものなのであり、その意味ではどちらの表象においても「アジア」「オリエント」そして「女性」は、まったく等しい度合いで他者化されている。そうすることによってオリエンタリストたちが彼女らから主体性を奪い、そしてそうできる自己に権威を付すことに変わりはない。

だから、現代日本に「蝶々さん」はもういない、などと言ったところで、オリエンタリズムを克服できるわけではない。たとえば『ニューズウィーク』が二〇〇〇年に特集を組んで報じたように、色とりどりに髪を染め、独特のファッションで街を闊歩し、古いジェンダー規範など気にもかけないような「上昇する娘たち」には、すでに多大な関心が払われてきている。[2] しかしそうした言説がとりもなおさず、〈日本女性〉イメージの一片を形づくっていることに注意しよう。「上昇する」日本女性たちは、常に「蝶々さん」からの距離を測られ、どれだけ変化したのかしないのかを話題にされ、そして少しでも躊躇すればすぐに悲劇のなかに引き戻されてしまう――「日本の女性にとって人生はパラドックスだ。頭はいいのにキャリア上の機会は奪われているし、家族志向なのに夫にはほとんど会えないし」（*Newsweek* April 3, 2000:42）、と。それは、繰り返し、そうした「差異」が残っていることを、そして日本および東洋が愚昧で不可解な他者であることを確認し、そのことで西洋の優位を保とうとするオリエンタリズムの作用に他ならない。問題は、実際に「蝶々さん」がいるかどうかということではない、そのイメージを参照せずには日本女性について語ることができないというその枠組みだ。

人種とジェンダーの二重の意味で、〈日本女性〉は他者化されている。それは、上野千鶴子が「複合差別」と呼ぶ、互いに強化しあい補完しあうとともに相反し矛盾することもある、重層的な有徴化の作用だ（上野 1996）。その一例として上野は、円高の一九八〇年代にニューヨークに渡り黒人男性と関係を結ぶ日本女性たちを描いた『イエローキャブ』（家田 1991）のなかに、経済的階層と人種とジェンダーの三重の「複合差別」をみとっているが、ここにもうひとつ重要なファクターを指摘しておこう。アン・ストラーがヨーロッパ男性と植民地女性との関係を考察するなかで言うように、「優位の自己」と「劣位の他者」とのあいだの境界線は、いっぽうで強固に引かれているが、他方ではつねにロマンスとセックスによって脅かされてもいる（Stoler 2002）。「白人の主人」と「現地のメイド」とのあいだに往々にして生じる親密性——当然、それもまた超越的なものではなく政治的力学に貫かれているのだが——は、「混血の子ども」に象徴されるように、支配者たちにとってやっかいな事態であった。「他者」が神秘的かつ愚劣であり続けてくれるように、親密な関係を盾にラインを超えてこちら側に侵入してこないように、注意深く創り出された「人種」と「ジェンダー」の言説を追って、ストラーは言う。[3]

植民地のカテゴリーとは縛りつけるものであると同時にほどけてもいて、あまりに強固なものであると同時にその限界は常に超えられてもいる。それは、それを創った者とそこに収まりきらない者たちによって再構築される、微妙な包摂の基準なのだ。（Stoler 2002:9）

排除と包摂のラインが脅かされるたびに、そこには強い力が働く。蝶々さんが最後に棄てられ死ななければならなかったのも、まさにこのためだと言えるだろう。「政治的なヴィジョン」が、そのまなざす対象に対して愛着を示しながらも暴力的なのは、自己に属さない者を「他者」でいさせるための、日本女性を〈日本女性〉でいさせるための、必要性に他ならない。そこでふるわれる威力を、私たちは見逃してはならない。

> 自分が誰であるかを自分で定義する力、この、どれほどわずかであれ、それが人間である限り持つことを許されているはずの力を他人の視線が根こそぎ奪うとき、視線は人を殺すことができる。（加藤 1998:174）

〈日本女性〉は二重に他者化されている。それはつまり、〈日本女性〉イメージは、日本女性から二重に声を奪い、そうすることで、彼女らを二重に「殺すことができる」ということだ。蝶々さんのほんとうの悲劇は、そこにある。

ジャパニズム、ナショナリズム、そしてジェンダー

「日本」「東洋」「植民地」を、劣位の他者へとおとしめる権力的な構造がある。しかし支配や抑圧はつねに同じかたちをとるわけではない。〈日本女性〉の問題にとりくむためには、さらに、「日本」という歴史的文化的背景を考慮した考察をしなければならない。ブライアン・モーランがサイードを援用して「ジャパニズム」（Moeran 1990）と呼ぶ事態を考えていこう。(4)

ジャパニズムと日本人の関係を考えてみよう。サイードが、オリエンタリズムの議論のなかで問題にしたのは、他者化された東洋人たちが、第一には「西洋の観衆のために無理やり代表者の役を演じさせられる」ことであり（Said 1978=1993:下 213）、さらに東洋のエリート層が「私がオリエンタリズムのドグマとして特徴づけてきた決まり文句を、自国の聴衆にむかっておうむ返しに繰り返す」という「再生産システム」（ibid:下 277）であった。そこで想定されているのは、西洋が創りあげた意味と価値を内面化し、それを演じたりさらには同胞に向けて講じたりしてしまう東洋の自滅的な態度である。それに対して、ジャパニズムのもとで神秘化され有徴化された日本人たちのなかには、そのまなざしをただ内面化して自らに折り返すだけではなく、それを「逆説的に支持する」という、「裏返しのオリエンタリズム」（上野 1998a:79）がみられる。

その代表的な例として、一九八〇年代以降に隆盛をみせ、それ自体が日本文化の特色のひとつと言われることもある、日本人論・日本文化論の言説群を挙げることができるだろう。『菊と刀』（Benedict 1946=1972）も『タテ社会の人間関係』（中根 1967）も『「甘え」の構造』（土居 1971）も、その読者は海外のジャパノロジストに限らない。「本音と建前」とか「ウチとソト」とか「集団主義」とかいうキーワードとともに、日本人が日本を理解するために、日本人としてのアイデンティティを確かめるために、読まれてきた。そして同様の枠組みで、しかし時代による変容を経ながら、「日本人」や「日本文化」の特殊性や独自性は論じられ続けている（青木 1990）。そうした言説の消費を通じた文化ナショナリズム（吉野 1997）は、まさに自らに付された他者性を賞揚するという

「逆説的な支持」を生み出し、そして最終的には、不可解で神秘的という他者性のラベルを強化することになる――「ユニークな日本」と、少しだけニュアンスを変えて。言うまでもなく、こうした日本人論・日本文化論の言説群に対しては、すでにその虚構性や神話性、そしてイデオロギー性が指摘されてきている[5]。しかしいっぽうでその消費は、高度資本主義社会のなかでさらに勢いを増し、「日本的なもの」は、グローバル化する社会において「再発見」され「再評価」され、そしてマーケティングされている。ジャパニズムの視線はこうして、「ネイティヴ」である日本人たちによってただ内面化され温存されるだけではなく、享受され強化されてもいる[6]。

そしてもっとも重要なのは、ジャパニズムにおいてもナショナリズムにおいても、「日本」は決してジェンダー・ニュートラルには存在してこなかったということ、すなわち「日本」はつねにジェンダー化されてきたということだ。まず西洋社会のなかでは、政治的経済的状況に応じて日本の表象は、美しく繊細で従順な「女らしさ」と、凶暴で粗野で野蛮な「男らしさ」というふたつの相反するイメージのあいだを揺れ動いてきた。前者が支配の対象としての好ましい「日本」を、たとえば明治近代化の初期に、そして近年ではグローバル化の象徴として表したのに対し、後者は軍事的そして経済的脅威としての「日本」を、たとえば第二次世界大戦期や日本のバブル経済期に、示してきた[7]。

いっぽう日本国内においても、「日本人」にはジェンダー別の意味が付与されてきたことに注意しよう。まず、テッサ・モーリス-スズキがたどってみせるように、明治の国民国家創設期において「国民」は一義的に男性を意味しており、そこに女性は別のかたちで組み込まれなければならなかった。そこで登場するのが「連続性の源としての女性と変化の主体としての男性、という不朽の思想」(Morris-Suzuki 1998:113)である。マリコ・タマノイは、そうしたプロセスのなかで農村女性が、「貧困」「低俗」「無知」を象徴する存在からじょじょに「伝統」そして「国の慈母」という意味を付与されていくさま、すなわち、「日本のナショナリズムの言説のなかで、『農村女性』がナショナルなアイデンティティに従属させられていく過程」(Tamanoi 1998:20)をみとる。さらに上野千鶴子は、第二次世界大戦期の日本における「女性の国民化」が、女性兵士の採用や女子徴兵を意味せず、「軍神の母」あるいは「従軍看護婦」といった聖なるイメージのもとに行われたことを明らかにし、同時に、そのなかで「もうひとつ『戦闘力の回復に奉仕』したはずの『慰安婦』の貢献のほうは無視された」ことを見逃さない(上野 1998b:38)。ふたたびモーリス-スズキのことばを引いて、要約しておこう。

ある種の「女性らしさ」「男性らしさ」だけが、適切に「ナショナルな」ものとして推奨され、他は否定される。逆に言えば、ある種のナショナリティだけが、適切に「女性らしい」「男性らしい」ものとして容認されるのだ。(Morris-Suzuki 1998:136)

折り返され、裏返されたジャパニズムのまなざしが、望ましい「日本」を見出すとき、それを体現する者として〈日本女性〉もまた見出されたのだと言えるだろう。そうして絡み合うナショナリズムとジェンダーは、それもまた、政府や識者の言説のなかにだけあるのではなく、ポピュラー・カルチャーの生産と消費を通じて今も再生産されている(8)。

〈日本女性〉は、だから、西洋だけが構築し消費するものではない。それは同時に、女性を従属的な地位に置き、そうすることで彼女らを支配し制御するとともに自らの優位と権威を維持しようとする日本の男性中心主義の表れでもある。このとき、海外に流布する「蝶々夫人」のイメージと、国内で引き合いに出されることの多い「大和撫子」の意味が似通ってくるのはむしろ当然だと言えるだろう。日本の国内と国外で異なるイメージがある、ということではない。そのふたつは構造的に交差し、そして強化しあい、日本女性をさらに奥深く〈日本女性〉のなかに押しこめようとする。

3 カテゴリーの政治――〈日本女性〉は浮き沈みする

イメージの政治は、カテゴリーの政治と密接に結びついている。「蝶々夫人」や「大和撫子」は、ただ公的言説のなかに浮遊しているのではなく、日常生活世界においても、昨日見かけた彼女あるいは今ここにいるあなたに関係のあるものだと、想定されているから。その「彼女」や「あなた」は、ほんとうにおしとやかで可憐だと言われるかもしれないし、言われないかもしれない。いずれにしても「彼女」も「あなた」も、その思惑に関係なく、日本女性であるとみなされてしまう。とつぜんに、〈日本女性〉と名づけられ、「蝶々夫人」や「大和撫子」と比べられる、そこにカテゴリーの政治がある。

役割期待と役割演技

社会的相互行為状況において私たちは、他者が誰でありそして今いるこの状況がどのようなものかを定義しようとする。そこで生じる類型化は、社会学のなかでも社会心理学のなかでも、人びとが自明のこととして行うプロセスとして考えられてきた。

カテゴリー化は……いわば人間の避けられない業である。なぜなら、それは、世界が私たちにとってあまりにも複雑すぎるので、まずそれを単純化し秩序立てるなんらかの手段をもっていないと生き残れない、という単純な理由からである。ちょうど生物学者や科学者たちが分類システムを使って、その複雑な性質を科学的に有効でもっと扱いやすい数のカテゴリーに集約するのと同じように、私たちも日常生活では大いにカテゴリー・システムに頼るのである。(Brown 1995=1999:40)

大部分の場合、日常生活における私の他者との出会いは、二重の意味において類型的なものとなる——つまり私は他者を一つの類型として理解すると同時に、それ自体が類型的である状況のな

かで他者と相互作用し合うのである。(Berger and Luckmann : 1967=1977 : 53)

私を「扱いやすい」ものにするために、「一つの類型」が採用される。たとえば多くの国際的場面において、私は「日本人」としてみなされることになる。そして、他のどの社会的状況においてもそうであるように、私が「女性」であることもまた顕在化しやすい。たとえ私が社会学者として、英語教員として、あるいはヨガの生徒としてそこにいたとしても、「国際」とか「異文化」とかいう状況は、そのどれをも駆逐して、私が「日本女性」であることを際立たせる。ピーター・バーガーとトマス・ルックマンが言うように、「個性化」されること、すなわち「ユニークで、それゆえにまた類型化し得ない個人として」みなされることは、特に一時的で表面的な出会いでは困難だ(Berger and Luckmann ibid. : 54)。

日本女性として類型化されるということは、〈日本女性〉というカテゴリーに入れられるということである。そこには、すでにみてきたような政治的なイメージ、言い換えれば、偏見やステレオタイプが付着している。それらの意味は、社会的に共有されているがゆえに、他者が私を認識するための手がかりとして役立てられてしまう。「ステレオタイプ」を定義するなかでウォルター・リップマンは言う。

われわれはたいていの場合、見てから定義しないで定義してから見る。外界の、大きくて、盛んで、騒がしい混沌状態の中から、すでにわれわれの文化がわれわれのために定義してくれたものを拾い上げる。そしてこうして拾い上げたものを、われわれの文化によってステレオタイプ化されたかたちのままで知覚しがちである。(Lippmann 1922=1987:111)

私が〈日本女性〉であるとき、私はすでに定義されていて、ステレオタイプにあうことだけが私のなかから拾い上げられていく。それは、他者が私を「見る」「みなす」ときの、まなざしの暴力に他ならない。

ただ、社会的相互行為状況において私はただ「見られる」だけではない。私もまた状況を定義しようとし、他者を見極めようとし、そうすることで他者の類型化に干渉することになる。さらには、自分にとって望ましいかたちで自身を「見せる」こともするだろう。したがってそこには、双方向的なプロセスが生じることになる。アーヴィング・ゴッフマンは、「見る―見られる」関係が、同時に「見せる―見せられる」関係でもあることを示唆して言う。

被観察者がパフォーマンスをするチームになり、観察者がオーディエンスになる。対象に向けて行われたかに見える行為は、オーディエンスに向けられた仕草になる。反復的活動が劇化されるのである。(Goffman 1959=1974:296)

この、ゴッフマンのドラマトゥルギー論においては、行為者＝演者（actor）が与えられた役割＝役どころ（role）を如才なくこなし、期待どおりの相互行為場面を達成し、そうして自らの体面を保つことに一義的な重要性が置かれる。「見る」側も「見せる」側も、役割期待のとおりに、すなわち、ある社会的地位や属性について想定される行為の内容に沿って、動こうとする。そこに張り巡らされているのは、「集まりそれ自体を尊重するための規則」であり（Goffman 1963=1980:206）、その結果、「社会的生活というのは、整然と秩序だったもの」となる、「なぜなら、必要とされていなかったり誹謗されたりするような場所、話題、時間には、人びとは自主的に離れていようとするから」（Goffman 1967:43）。こうして社会という舞台のうえでは、円滑に、粛々と、「相互行為儀礼」が営まれることになる。

〈日本女性〉という役割を期待され、〈日本女性〉という役割を演技すれば、ゴッフマンが言うように、相互行為は安定する。私は状況を乱したり他者に当惑を与えたりしなくて済むし、それによってよりよい自己イメージを保つこともできる。(9) しかし重要なことに、その効果は当該の相互行為内に限定されない。私が〈日本女性〉をうまく演じれば演じるほど、〈日本女性〉というカテゴリーとイメージは裏書きされ、堆積し、準拠点として役立てられるようになる。それは、バーガーとルックマンが「現実の社会的構成」として描き出したように、個別具体的な相互行為状況のなかから、じょじょに社会的な意味が「客体化」してゆき、そしてあたかも行為者たちには手のとどかないものであるかのように「外在化」し、さらには自明の事実として彼ら彼女らに「内在化」される、という制度化のプロセスである（Berger and Luckmann 1967=1977）。そのとき、社会的意味は固定的で絶対的な「知識」「文化」として確立する。ここから、構造機能主義的な行為者像への距離は遠くない――「この全体的な共有文化によって、人間的なレベルでの安定した社会的相互行為システムが可能になるのである」（Parsons 1964=1973:31）。行為者たちがいっせいに、それぞれの役割期待に沿って、一定の方法で他者をみなし、一定の方法で自己をみせる、スタティックでシステマティックな社会がそこに広がる。

そこに潜むもの

それでは、私たちを動かしている「相互行為儀礼」とは「全体的な共有文化」とはどのようなものか。エスノメソドロジーは、生活世界のなかで用いられている「日常知」、そして成員たちに共有され彼ら彼女らの意味世界を支える「コード」の抽出を行う（Garfinkel 1967; Psathas 1988=1989）。主に会話分析の方法を用いて微細に解読される「人びとの方法」の分析は、しかし、それ以前の構造機能主義的社会像を受け継がない。ここでの「知識」は、具体的な状況のなかで立ち現れるものであり、行為者はただ規則を遵守するだけの受動的存在ではなく、日常生活世界を構築していく主体として捉えなおされる(10)。

共有されたルールがあることを前提とするのではなく、どのようなルールがあるのかを前景化していく作業は同時に、網の目のように張り巡らされた「コード」が綻びをみせる瞬間も明らかにする。(11) 実際、ゴッフマンの相互行為論においても、行為者に想定されていたのは完璧な役割演技や巧妙な役割分離だけではない。行為者たちはよりよい自己イメージの確立と維持のために様ざまな印象操作、たとえばわざと期待から外れる演技をする「役割距離」(Goffman 1961=1985)、あるいはそれすらも拒否する「役割中断」や「役割放棄」(Goffman 1963=1980)を行う。ゴッフマンの議論は、そうしたせめぎ合いの過程を「戦略的相互行為」(Goffman 1969)として、やはり最終的には潤滑なやりとりに昇華させてしまう傾向があるが、しかし、『スティグマの社会学』(Goffman 1963=1970)において彼が「汚されたアイデンティティ」、そして「対他的な社会的アイデンティティと即自的な社会的アイデンティティの間にある特殊な乖離」を問題にするとき、そこにはより深い示唆が含まれていることに注意しよう。

まず彼が指摘するのは、差別や偏見を被る状況において、他者が課してくるカテゴリー化およびスティグマ化に対抗したり、状況定義そのものに働きかけたり、あるいはそうした場から完全に身を引いたりすることの困難である。そのため、一般的な解決法としてゴッフマンはパッシングや偽装工作、すなわち、スティグマを他者に知られないようにするための情報操作を指摘するが、重要なのは、「この過程にはまた、常人とスティグマのある者の間にある種の協調関係が隠密に働いている」(ibid.:213)という点である。それはつまり、「見る＝見せられる」側が、疑わしい事実から目を逸らしたり、「見られる＝見せる」側が規範を犯すようなまねを慎んだり、というスティグマをめぐる協働作業を指す。ゴッフマンは結論する。

私が再度述べておきたいことは、スティグマとは、スティグマのある者と常人の二つのグループに区別することができるような具体的な一組の人間を意味するものではなく、広く行われている二つの役割による社会過程を意味しているということ、あらゆる人が双方の役割をとって、少なくとも人生のいずれかの脈絡において、いずれかの局面において、この過程に参加しているということである。（Goffman 1963=1970：225）

カテゴリーがあるのではなくカテゴリー化というプロセスがあるのだということ、それは双方向的に達成されるということ、そしてそこには抵抗や逸脱や操作が、「常時わずかながら行われている」（Goffman 1963=1970：212）ということ。[12] ここにおいてスティグマは、強者から弱者に押しつけられるものであると同時に、その両者の意味世界と相互行為を支える「視角」（ibid.）として捉えなおされる。

ここから、ふたつのことを確認しよう。まず、イメージとカテゴリーは社会的相互行為の基盤を成すが、その過程を私たちはきわめて動態的なものとして考えなければならない。「見られる」者たちは同時に「見せる」位置に立つこともあり、そこには規定どおりの、あるいは規定から外れたパフォーマンスが繰り広げられる。そのとき、権威的なまなざしの持ち主であったはずの「見る」者は「見せられる」者として置かれることになる。両者からの働きかけがスムーズに進行することもあれば、しないこともある。
しかしこのことは、行為者たちがまったく自由な主体だということを意味しない。第二に私たちが気づくべきは、『スティグマの社会学』が暗示的にのみ示唆した権力の問題である。複数の自己、特に私のおもう私と他者のおもう私が「乖離」するという事態は、社会学では「役割葛藤」とよばれてきた。それに対して上野千鶴子は言う。

役割葛藤という概念は、役割の遂行にともなう権力関係を不問に付した。その背後にあったのは、「相互に対等な行為者」という近代主義的な幻想であり、その幻想が隠蔽した男性中心的な権力関係である。複合差別のなかで、当事者が経験している「葛藤」は、「役割葛藤」のようなナイーヴなものではない。自己評価をめぐる優位と劣位がせめぎあい、逆転しあう、自己を場とした権力ゲームなのである。（上野 1996: 221-222）

あるステレオタイプやスティグマが突然に私にふりかかってくるのを、私には止めることができない。避けたり、交わしたりすることはできても、あるいは戦略的に自身を「見せる」ことはできても、最初のカテゴリー化そのものを私は覆すことはできない。私の思惑を超えたところで、状況がそう定義されてしまう。すなわち、坂本佳鶴恵が言うように、状況の定義は自動的にもたらされるものではなく、「社会成員にとっての、一つの『問題』」、それも「さまざまな相互作用を通じて解決せねばならない社会的問題」である（坂本 2005:121）。そしてその問題解決は、つねに等位の行為者間で行われるわけではなく、誰かの定義が他の誰かのそれを排除することのほうがむしろ多い。そのとき、「状況定義を否定されるということは、その行為者の主体性を奪うことでもある」（ibid.:139）。「見る―見られる」関係は、たしかに「見せる―見せられる」関係に転倒し得るけれど、そこにある権力関係までもが覆されるわけではない。「見せる」者はあくまでも、「見る」者の定義のなかに囲い込まれているのだから。ナンシー・ローゼンバーガーのことばを借りよう。

自己とは、他者との関連のなかでかたちをなすものだと理解しなければならない。それも、これからみていくように、様ざまな関係のなかで。この関係の多様性のただなかにこそ、意味と権力が発現する。（Rosenberger 1992:4）

〈日本女性〉はあまりに美化されていて、それをスティグマだと考える人は少ないかもしれない。しかし、自己と他者に優劣を振りわけ、さらにそのとおりに演じることを強要する「視角」としてのスティグマは、イメージとカテゴリーの政治そのものを指している。日本女性たちはそれに抗することもあるだろうし、それから逃れようとすることもあるだろう。そのなかで、ステレオタイプが再考されたり棄却されたりすることもあるだろう。しかし、そうできる相互行為状況は限られてもいる。私たちが向かうべきは、日常的相互行為状況のなかで〈日本女性〉が浮き沈みし、参照され演技されるときの微細な「権力ゲーム」の様態だ。

4　アイデンティティの政治
――〈日本女性〉になる、ならない、ならざるをえない

そして私たちはついに、〈日本女性〉を課される日本女性たちにたどりつく。日本女性はいつもそこに「いる」のではない。状況に応じて、他者からの期待に応えて、〈日本女性〉という社会的なカテゴリーに自らを含めたときに、初めて私は日本女性に「なる（become）」。そして同時に私は、〈日本女性〉という歴史的文化的に構築されてきたイメージのもとに日本女性を「する（do）」。私と他者はそうして「不断の〈交渉関係〉」（Berger and Luckmann 1967=1977:53）に入るけれど、そこにはつねに制度化された規範や期待が入りこむから、私は完全に自由な行為主体とはなりえない。そうして社会的な、文化的な、政治的な意味のなかでもがきながら、日本女性としての私がつくられる。その過程のことを、アイデンティティと呼ぼう。

パフォーマティヴィティ

アイデンティティとはほんらい、動的なものだ。たしかにエリク・エリクソンの古典的なモデルにおいて「同一性」は望ましい、目指すべき、安定した状態として想定されているが、そこにおい

てさえ、「同一性」は人生の各段階で、あるいは歴史的社会的な状況のなかで危機に陥るものとされている――当然、最終的にはその克服が「存在証明」を可能にするのだが（Erikson 1968=1973）。ピーター・バーガーもまた、「制度、役割、アイデンティティのすべては、それと社会的世界とが同時に人間の所産にほかならないにもかかわらず、その世界における客観的にリアルな現象として存在する」（Burger 1967=1979:20）ことを強調し、そうした「客観的にリアルな」ものを内在化させることで個人は社会的存在たりえると論じるが、同時にこうも言う、「社会化は決して完結せず、個人の生涯を通じて続行するプロセスである」（ibid.:24）。さらには、バーガーが必ず付け加えるように、個人にとっては客観化された世界もまた、その信憑性は人為的に構築されたものなのであり、「対話という細糸にぶら下がっている」（ibid.:25）以上、現実の社会的構成は弁証法的に続いていくことになる。そのときアイデンティティがひとつのかたちに固着化することは、望ましいとされ目指されていたとしても、ない。

ここではアイデンティティを、「私は誰か」をめぐる諸過程、と定義しよう。時に私たちは自分が誰かを知っており、この世界に安定した地位を占めていると感じることがあるけれど、しかし時には異なる環境のなかに置かれたり自分の感覚を他者から否定されたりして、それがわからなくなることもある。アイデンティティは、幼少期に創りあげられて私の頭や心のなかにずっとあり続けるものではなく、つねに危機の可能性にさらされた、不断に脅かされている、不安定なものだと考えよう。

と同時に忘れてはならないのは、アイデンティティは政治的に構築されるということだ。ポスト構造主義のジェンダー・アイデンティティ理論は、この点をさらに先鋭化させる。生物学的事実としての「セックス」があり、そこに社会文化的意味としての「ジェンダー」が付与されるのではない。そうではなくて「ジェンダー」という内容が「セックス」という容器を見出す。ジェンダーとは「分割された部分」ではなく「分割原理そのもの」(Delphy 1991=1998:44)なのであり、「肉体的差異に意味を付与する知」(Scott 1988=1992:16)なのである。

ジュディス・バトラーはここからさらに、ジェンダー・アイデンティティの概念に決定的転換をもたらす。

ジェンダーの表出の背後にジェンダー・アイデンティティは存在しない。アイデンティティは、その結果だと考えられる「表出」によって、まさにパフォーマティヴに構築されるものである。(Butler 1990=1999:58)

私たちは、私たちの内にあるものを表出するのではない。表出することによって初めて、私たちの内にアイデンティティと呼ばれるものが生じるのである。日本女性がいるところにイメージやカテゴリーが生じるのではない、〈日本女性〉というイメージやカテゴリーが、それらを参照し使用することが、日本女性である私を創りだす、ということになる。そのとき私たちは、必然的に「女」

とか「日本女性」とかいう既存のことばに依存することになるが、ヴィヴィアン・バーが言うように、「われわれのアイデンティティを形成する言説は、日々社会の中で実践されている構造や慣行と密接に関連しており、ある言説が『真理』の刻印を受け、他のそれが受けないのは、相対的に権力のある集団のためなのである」（Burr 1995=1977:85）。私が「女」になったり「日本女性」になったりする過程は、「相対的に権力のある集団」の言語のもとに、すなわち異性愛主義やセクシズムやオリエンタリズムの語彙のもとに置かれていて、そこから外れては、私は何にもなることができない。

しかし同時に、「なるもの（becoming）」であり、「行うこと（doing）」であるジェンダーには「行為遂行的な（performative）」性質が含まれる。私は既存の言語を引用せざるを得ないが、同時に、そうした反復的引用を通じて〈女〉や〈日本女性〉を新たに構築することにもなる。私は既成の関係を再生産し強化するかもしれないし、そこに意味や価値のずれを生じさせるかもしれない。引用はそれだけで終結するのではなく、常に両義的に作用する。「なる」「行う」ということはすなわち線を引きなおすということで、そのとき私たちはもとどおりに線をなぞるかもしれないし、あるいはそこからすこし逸れて線を引いてしまうかもしれない。

ジェンダーを構築する言説の地図の複合性こそ、規制的な言説の構造がどこかで偶然に集中して、新しいものを生み出す望みを与えているのではないか。セックスとジェンダーに関する規制的な虚構が、幾重にも相争う意味の場であるならばこの構築の多層性自体が、その単声的な姿勢を破壊する可能性を与えるものとなる。（Butler 1990=1999：71）

私たちの、たとえば「女」としての「日本女性」としての行為や発話は、支配的な言説に意味を依存している。しかし同時に、私たちの言説実践こそが、権力の言語を、「規制的な虚構」を支えてもいる。それはつまり、「現在進行中の言説実践として、それは介入や意味づけなおしに向かって開かれているものである」（ibid.）ということ、私たちが撹乱を起こすこともまた可能であるということだ。

エイジェンシー

アイデンティティは、したがって、反復と撹乱がともに生起するまさに「権力ゲーム」の様相を呈することになる。さらにいくつかの示唆に富む定義を参照しよう。

「文化」が、ある社会がいつの時代もその内部に抱えている「もの」でなく、多様な伝統に際限なく手当り次第に手を加えていく過程であるのと同様に、「アイデンティティ」も個人が時を超えて自らのなかに抱えている、魂についた傷のような、「もの」ではない。それは、私たちが今この瞬間において、文化的資源を用いながら、他者に向けて話したり聴いたり書いたり、あるい

は本の最後のページを読んだりするなかで創りあげるものだ。（Morris-Suzuki 1998：208）

アイデンティティは……他者と自己の相互作用による構築物である。しかし他方で、それは不完全な構築物である。この過程で付与されるあらゆるアイデンティティ・カテゴリーはつねに、ある行為体（エージェント）の特徴を完全に把捉することはできない。にもかかわらず、私たちは、あるアイデンティティによって、つねに／すでに規定されている。他者による規定ばかりではない。自分自身における規定もそうなのである。私たちは黒人／白人や女性／男性といったアイデンティティをすでに身につけてしまっており、したがって、すでにこうしたアイデンティティが内包する権力関係に従属する身体として自らを構成してしまっている。（坂本 2005：205）

ここでテッサ・モーリス－スズキと坂本佳鶴恵がともに注意を払うのは、アイデンティティが過程であるということ、そしてそこに関わる「他者」の存在である。私たちのアイデンティティは真空間のなかで立ち現れるものではないが、言説体系や権力関係という抽象的な次元でのみ考えるべきものでもない。具体的な自己と他者と状況と、そしてそのすべてをとりまく権力作用とが複雑に相互作用しあうなかで、誰かをみなし、自分をみせる、アイデンティフィケイションの過程が起きる。アイデンティティは、繰り返し、その効果であって原因ではない。

さらに、こうしたアイデンティフィケイションの過程は、ステュワート・ホールが言うように、超越的でもなければ固定的でもない。

言説的なアプローチは、アイデンティフィケーションを、決して完成されない構成作用、プロセスとして、つねに「進行中のもの」として考える。アイデンティフィケーションは、それがつねに「獲得」されたり「失われ」たり維持されたり、捨てられたりするという意味で規定されるものではない。アイデンティフィケーションは、それを支えるのに必要な物質的、象徴的材料を含んでのことだが、その存在を規定する諸条件なしではいられないものであっても、結局は条件的なものであり、偶然にゆだねられている。（Hall 1996=2001 : 10）

このように「条件的な」、「偶然にゆだねられている」過程だからこそ生じる、エイジェンシーの問題がある。〈日本女性〉になったり〈日本女性〉をしたりすることで既存の言語を引用する私のことを、「主体」ではなく「エイジェント」として捉えよう。そして私にあるのは「主体性」ではなく「エイジェンシー」、すなわち「主体を置かない行為の帰属先であり、社会的に構築されながらも、なお社会から異質なものを生み出す可能体」（坂本 ibid. : 316）であると考えよう。言語が「エイジェント」としての私を通りぬけていくとき、そこに生じるのが「エイジェンシー」であり、それは、とあるアイデンティティを私に強要する権力関係を、反復し再生産するとともに撹乱し瓦解する。

前出のジョーン・スコットおよびジュディス・バトラーの両者とも、「エイジェンシー」に変革の契機を託している。

このような過程や構造のなかにおいても、人間の行為［引用者注：human agency］という概念が存在する余地はある。一定の限界のなかで言語――境界を定めると同時に否定や反抗、再解釈、隠喩による創造や想像の遊びの可能性をも含んでいる概念的言語――を用いて、アイデンティティを、人生を、一連の関係を、社会を築いていこうとする（少なくとも一部は理性的な）試みがそれなのである。（Scott 1988=1992:75）

権力に汚されていない位置などどこにもない。その不純さこそがきっと、規制的構造を中断させ転覆させる可能性を秘めた、エイジェンシーを生みだすのだ。（Butler 1999:xxvi）

アイデンティフィケイションの過程においては、引用する言語の誤用や濫用や、あるいはパロディ化も起きる。発話し行為する私たちはそれほどじょうずに言語を使いこなせないかもしれないし、あるいはそれを意図的非意図的に弄んでみたりもするものだから。そうした「規制的言説の構造が、ふとしたときに何かを生み出すような集中をみせる」（Butler 1990:43　筆者訳）という事態が、「否定や反抗、再解釈」そして「中断」や「転覆」を引き起こすことになるかもしれない。あるいは、ならないかもしれない。その帰結はあくまでも、両義的なものであると考えなければならない。「女」や「日本女性」をナイーヴに措定することはもはやできない。向うべきはそれを成り立たせている言語の側であり、そこに潜む権力だ。なぜなら、「この権力の磁場の外側にどのような立場もありえず、ただできることは、権力がみずからの正統化をどのようにやってきたかを、系譜的に、批判的にたどることだけである」(Butler 1990=1999:25)から。そして重要なのは、「その生産過程を分析し、それを通じて権力の構築や権力との葛藤を分析すること、そしてまた、主体の存在を規定し解釈するとされている、アイデンティティの自立性や安定性にも疑義を呈すること」(Scott 1995:8)だから。このとき私たちは実体としての日本女性を超え、そのメタレヴェルに視点を獲得することとなる。実体としての日本女性など、どこにもいない、と。

5　日本女性はどこにいるのか

ここに来て、私たちは再び日本女性を見失う。〈日本女性〉は政治的に構築されたイメージであり、社会的相互行為のなかで参照され利用されるカテゴリーであり、そして言説の網の目のなかで立ち上がるアイデンティティである。私たちはそれを、「系譜的に、批判的に」、たとえば通時的・共時的な表象分析を通じてたどることはできるだろうけれど、そうすることで「その生産過程」を明らかにし、「疑義を呈する」こともできるだろうけれど、そのとき、当の日本女性たちはどこにいるのだろう。そのエイジェンシーは、どこに、どのようにあるというのだろう。

創られる、生きられる

イメージ・カテゴリー・アイデンティティとしての〈日本女性〉が、どのように創られてきたのかを知ることは、たしかに、私たちにとってひとつの必要であり解放である。創られる政治を知ることで私たちは、自分が立たされる場所を知り、そこに付与された意味を再考することができるだろう。この構築主義の視座は、従来自明視されてきたものごとが実は政治的に恣意的に創り上げられた虚構であり神話でしかないと明らかにし、本質主義に対抗する。「女」とか「日本人」とか「日本女性」とかいうカテゴリーもそこに付されたイメージも、そしてそれらを土台として立ち現れるアイデンティティも、絶対的なものではないと明らかにする。

私たちの現実が創られたものに過ぎないと暴き出す作業は大きな衝撃をもたらすが、しかしその後、説得的でない含意へたどりつくことも少なくない。長谷正人は「現実構成主義」に対して言う。

> 現実構成主義は、社会が人間的な意味づけによって成立していることを主張することによって、あたかも社会が人間（あるいは社会学者）にとって理解可能でコントロール可能なものであるかのように論じてしまっているように見えるのだ。……しかし人間にとって「性」という現象は、そんなに簡単にコントロールできるような安易な現象ではないだろう。（長谷 2000：134）

「創られていること」と、「創りかえることができる」「なくすことができる」可能性のあいだには、長谷が示唆するように、大きな隔たりがある。私たちは自分が押しこめられるカテゴリーや押しつけられるイメージの重みをよく知っているし、それがいかに実体のないものかを知ったところで、やはりそのときの痛みは消えない。ポスト構築主義のジェンダー・アイデンティティに突きつけられた問題、「もしも〈女〉がただの空疎なカテゴリーだとしたら、なぜ私は夜の一人歩きを恐れるのか」（Downs 1993）という問いが残されている。

さらにそれに関連して、「創られていること」の強調が、柔軟性や流動性ばかりを焦点化してしまい、その結果、幼児虐待、環境破壊、紛争、貧困、性差別や人種差別といった「実存的関心事」を覆い隠してしまうという危険性も指摘されている（Denzin 1991）。「ハイパーリアルよりももっとリアルな」（ibid.:54）、日常生活世界における苦しみや痛みの比重を軽くしてしまうとき、構築主義の政治はラディカルではあっても「ひ弱さ」（長谷 ibid.）を露呈することになる。イアン・ハッキングもまた「何の社会的構築か」と問うなかで、たとえば若年妊娠や摂食障害もひとつの構築に他ならないが、しかしそのことが実際に苦しんでいる少女や女性たちを助けないことを指摘して言う、「構築のストーリーは歴史だが、その視点ばかりに固執したのでは的外れだ。Xの構築主義者は……たいてい、Xという概念、そしてその置かれているマトリクスに注意を払う。Xそのものではなくて」（Hacking 1999:37）。「どのように創られるのか」ばかりが論じられるとき、「創られてしまった現実」の重みは棄ておかれることになる。

私たちもまた、〈日本女性〉が創られたものだということ、そしてどこにもいないということばかりを言えばいいのだろうか——あそこに、ここに、日本女性がいるような気がするのに？

ひとつの方途を、構築主義の内部に見出すことができる。ヴィヴィアン・バーもまた、構築主義がもたらす「われわれは錯覚して生きているという感じ」「われわれの住まう諸自己が誤りである」という感覚からの脱却を目指し、アイデンティティを取り巻く「言説」に注意を喚起する。しかし、バーが明らかにしようとするのは、ジュディス・バトラーやジョーン・スコットのようにその系譜的あるいは歴史的な構築過程ではなく、「われわれ全員の意識において諸言説がどのようにして日々『生き』られるようになるか」（Burr 1995=1999：123）である。〈日本女性〉という概念でも、それを構築するマトリクスでもなく、それが日常生活世界のなかで生きられる様態を描きだす、という方向性である。

ここにおいて私たちは、「ジェンダー」をさらに新しい視角として提示するウェンディ・ブラウンと方向を一にする。ブラウンはフェミニズム理論のなかに「ふたつの、互いに打ち消しあう真実」、つまり、ジェンダーはいっぽうではパフォーマティヴに脱構築できるものであり、他方では執拗に続く権力作用である、というふたつの主張を指摘し、それらを「対位法」的に置く視座を提示する。そこでは、「対照的な要素がただ競合したり調和したりするだけでなく、単一のメロディーからは生じ得ない複雑性を紡ぎだす」（Brown 2003：367）。ここまでみてきたように、「ふたつの、互いに打ち消しあう真実」は〈日本女性〉を貫くものでもある。イメージやカテゴリーやアイデンティティは、いっぽうで文化的歴史的力学によって、政治的に、権力の作用として創られているが、その他方で自明の事実として、参照点として、パフォーマティヴに生きられてもいる。その両方を重ねたところに生起するものをみていこう。

〈日本女性〉になる、あるいはならない、さらにはならざるをえない、私たちに生きられる経験は、「ひとつの統制されたメロディー」をなすことはなく、多様で複雑で、それゆえに耳障りなものとなるかもしれない。その聴き慣れないメロディーこそが、これまで語られてきた〈日本女性〉の虚構を間接的にしかし明示的に暴く、政治的な企てとなるだろう。生きられる〈日本女性〉という深みへ、歩を進めよう。

いくつかの方法論

初発の問題に立ち還ろう。私は今、日本女性の研究をしようとしているが、この試みには実は、多くのものが孕まれていた。ここで私が「日本女性」と呼ぶ人たちは、〈日本女性〉という社会的位置に立たされる可能性を負った人たちだ。私は彼女らの頭や心のなかにあるだろう物語やアイデンティティを引き出そうとしているのではなく、私が彼女らを〈日本女性〉と呼ぶ、名づけることによってはじめて生じる、彼女らのアイデンティフィケイションの過程をみようとしている。そしてそのパフォーマティヴな過程に、〈日本女性〉を参照し引用せざるを得ないなかでそれを揺るがすこともある、彼女らのエイジェンシーを見取ろうとしている。

そのとき、数値化されたデータは私たちの関心の対象にはならない。統計資料を用いて一般的な傾向を抽出しようとすることは、私たちが「アイデンティティ」という語に込めてきた複雑性や両義性を奪いとることになってしまう。また、メディア資料などを用いた通時的あるいは通文化的な表象分析は、イメージの構築や発明の過程を明らかにし、そこに本質や起源などないということを暴くだろうけれど、そのいっぽうで、それらのイメージが生きられるという位相を取りこぼすことになってしまう。私たちはただ創られたものを享受したりあるいはそれに抑圧されたりするだけではない。それを使うなかで創ってもいるのだから。

「創られたもの」ではなく「創られる過程」に目をやろうとする私たちは、そこにまず、言語および言説の働きをみる。先述のようにヴィヴィアン・バーは社会的構築主義を言説分析の方法論に結びつけたが、社会心理学や社会言語学の分野では、談話分析や会話分析の方法で、ジェンダーや人種やエスニシティといった社会的カテゴリーとアイデンティティを再考する研究が蓄積されてきている。(13) 私がみようとするのもまた、私という他者の眼前で、既存のことばを援用しながら、相互作用的に、日本女性たちが〈日本女性〉になる諸過程だ。私は、彼女らの経験を事実としてひとつひとつ列挙するための「ヒアリング」ではなく、彼女らと向き合い、彼女らを名づけ、そのなかで起きるアイデンティフィケイションをみるという意味での「インタヴュー」を試みる。私がみなし、彼女らがみせる、その過程のなかで私が聴くのは、彼女らの頭のなかに準備されていてするすると流れでてくる整序だった直線的なストーリーではない。複雑な政治が絡まりあい混じりあうなかで紡ぎだされる、パフォーマティヴな語り（narrative）だ。

ケン・プラマーによるセクシュアル・ストーリーの分析は、語りの生みだされる文脈、それを受容し展開するコミュニティに注意を払うことによって、その社会性を明らかにする（Plummer 1995=1998）。ある現象を語るうえでの象徴的用語法や語彙が体系化されると、当事者コミュニティ内で共有される語りは同型化していき、さらにはそこでの現実がコード化され、その文化的・社会的意味は固着化されることになる。それは、コミュニティ成員たちの結束を強め彼ら彼女らの意味世界を安定化させるが、いっぽうではそこに必然的に生じる多様性を削いでしまう。さらに、桜井厚が言うように、こうした「フォーマル・ストーリー」あるいは「モデル・ストーリー」は、社会全体を覆う「ドミナント・ストーリー」と共振することもあれば、対立や葛藤を引き起こすこともある（桜井 2002）。ことばを選びとり声を探しだし、自らのストーリーを紡ぎだす行為もまた、両義的な帰結をともなうパフォーマティヴな過程となる(14)。

重要なのは、社会学者が行うインタヴューもまったく同様に、そうした語りの生成の場となる、社会的相互行為のひとつであるということだ(15)。そこでは質問者と回答者の両者が交渉しあうなかで、社会的意味を引用し、反復し、撹乱し、創るとともに生きることになる。したがってそのとき、インタヴューに応えて語る人たちを知識の宝庫と捉えることも、インタヴューを知識の伝達の場と捉えることも妥当ではない。ここで言うインタヴューとは、ジェイムズ・ホルスタインとジェイバー・グブリアムが「能動的インタヴュー」（Holstein and Gubruim 1997）として提唱し、桜井厚が「対話構築主義アプローチ」（桜井 2002）として位置づけるものに近似する。ただ過去や現在に関する情報をやりとりする場ではなく、それらを相互行為的に創りだす契機としてのインタヴューである。

本章では、イメージ、カテゴリー、アイデンティティの政治を、そのもつれあう場としての〈日本女性〉を考えてきた。私は今、私と日本女性たちのあいだに〈日本女性〉が立ちあがる、その瞬間をとらえようと試みている。それは流動的な過程であると同時に、綿々と続くオリエンタリズムやセクシズムの構造から自由ではない。私たちは同じ磁場のなかに置かれ、いっせいに「みなす―みせる」という政治にかかわることになる。イメージとカテゴリーを参照しながら反復し、転覆し、そうして〈日本女性〉を生きるために。

註

（1）『蝶々夫人』には異本もまた存在する。なかでも小川さくえは、デイヴィド・ヘンリー・ウォンの戯曲『M・バタフライ』に着目し、実は女装した東洋男性であった「バタフライ」に裏切られ、白人男性が蝶々さんの仮装をして自害するというプロットに、「『残酷な白人男性』に愛を捧げる『従順な東洋女性』の『美しい物語』を極端なまでに歪め相対化する」（小川 2007:198）という効果をみる。また、森岡実穂は、『蝶々夫人』を実験的に演出した舞台を紹介し、たとえば通常は隠蔽されている蝶々さんの悲劇における「日本」の役割と責任という問題を焦点化することで、「美しい物語」が歪められている、と言う（森岡 2003）。ただ、どちらの場合でも「蝶々さん」が悲劇のヒロインの象徴であり続けることには注意しよう。錯綜する、時に倒錯するストーリーのなかにおいてなお、蝶々さんの表象そのものが破られることはない。

（2）本書の第三章で検討する「革新的日本女性」の研究もその一例である。

（3）藤田結子によるニューヨークとロンドンに渡る若者たちのエスノグラフィーにおいても、女性インフォーマントたちが現地の男性と結ぶ関係に注意が払われ、ミドルクラスの白人男性とのあいだでは「文化資本（白人性と英語）および社会的地位（白人のパートナーであること）と献身の交換」が、そして低階層の黒人男性とのあいだには「異なるタイプの文化資本（黒人性の「かっこい」側面と英語）と、経済的サポートおよび献身の交換」が行われている、とされる（藤田 2008：150）。

（4）モーランの定義によれば、「ジャパニズムとは、言説の様式であり、知識の蓄積であり、現実をみるうえでの政治的ヴィジョンである。それは、西洋の物質的文明の重要な一部を文化的にもイデオロギー的にも表わすもので、制度や語彙や学識やイメージや教義をともなう」（Moeran 1990：1）。ここでいう「ジャパニズム（Japanism）」は、十九世紀後半にヨーロッパおよびアメリカの美術や文学において興った日本趣味を指す「ジャポニズム（Japonism）」とは異なる概念である。と同時に、ジャポニズムのなかにもロマンティックかつエロティックな日本女性表象は頻出する（児玉 1995）。

（5）Mouer and Sugimoto 1986; ベフ 1997; 杉本 1996; Hammond ed. 1997 などを参照。

（6）Tobin ed. 1992=1995; Ohnuki-Tierney 1993; Ivy 1995; 吉見 1997 などを参照。

（7）Morris-Suzuki 1998; Dower 1999=2001; Kelsky 2001 などを参照。

（8）Moeran 1995; Robertson 1998=2000; Yano 2002 などを参照。

（9）さらにタキエ・リブラは、このようにしてもたらされる「呈示的自己（presentational self）」が、日本文化においては今ここにいる他者に加えて「世間」という聴衆に対しても演じられ、そうして「世間体」が保たれる、と論じる（Lebra 1992）。こうした事態を日本文化に独特のものと判じてしまうのは、日本人論・日本文化論に与する危険性をともなうだろう。事実、彼女の言う「世間」を社会学で言う「一般的な他者」に読み替えることは可能だ。ここで重要なのは、具体的な状況のなかでなされていた役割演技が、じょじょに「世間」あるいは「一般的な他者」に向けられるようになる、すなわち抽象的なレベルでも、規範として作用することになるという可能性である。

（10）特にこの点をさらに先鋭化する「批判的エスノメソドロジー」の方法については、山田 1996；好井 1999 を参照。

（11）たとえば日常的相互行為においては「当惑（embarrassment）」を避けることはできない。ゴッフマンは、複数の自己が相互行為状況において軋轢をきたす場面を「当惑」のひとつとして描き、そこでは「役割分離」をもって場面の秩序が保たれる、と論じるが（Goffman 1967=1986）、これを「受動的相互行為観」と批判するマイケル・ビリッグは、いあわせた者を当惑させるような場面がユーモラスなものに転じることもあると指摘し、そこに社会的秩序の撹乱という「悦び」を見出す（Billig 2001）。ルールやコードから外れることもあれば、それを笑ってすごすこともあるという、より現実的な行為者像だと言えるだろう。

（12）ゴッフマンは実際には、「常時わずかながら行われているとはいえ、社会にとっても、個人にとっても損失の大きい解決である」（Goffman 1963=1970:212）と述べている。彼自身の焦点は、こうした撹乱的行為がいかに忌避されるかのほうにある。

（13）Wilkinson and Kitzinger eds. 1995; Antaki and Widdicombe eds. 1998; Brah, Hickman and Mac an Ghaill eds. 1999 などを参照。

（14）こうした問題意識を反映するものとして、桜井編 2003 を参照。

(15) ジョディ・ミラーとバリー・グラスナーは、インタヴューにおける「文化的ストーリー」の介入が、回答者が自らの行為を説明可能で理解可能なものとするためには必然的であると論じる。が、そのいっぽうで、彼ら彼女らが支配的ストーリーを用いずに、別な文化的ストーリーにその基盤を置くこともある、と指摘している(Miller and Glassner 1997)。

第二章　〈日本女性〉とは誰のことか
フェミニスト・エスノグラフィーの（不）可能性

ある人生を表す、ほんとうのヴァージョンなどというものはない。ある人生について、ある人生のまわりで、語られるストーリーがあるだけだ。

Ruth Behar, *Translated Woman : Crossing the Border with Esperanza's Story*

1　「日本女性による、日本女性のための」？

〈日本女性〉を生きる日本女性たちのことばに、日本女性である私がせまる。オリエンタリズムのまなざしにも、セクシズムのまなざしにも汲まれなかった、何かがあるにちがいない——前提は簡明だ。そこで私は、フェミニスト・リサーチ、フェミニスト・フィールドワーク、そして、フェミニスト・エスノグラフィーと呼ばれる、主に人類学や社会学の分野で展開されてきた、「女による、女のための」方法論に向かう[1]。女性研究者は、それまで学術領域において周縁化されてきた女性の存在を可視化し、そうすることによって新たな視座を確立しようとしてきた。しかし、既に多くの指摘があるように、その努力はあらゆる問題を免れていたわけではない。それでは女は、果してどのように女を語ることができるだろうか。本章ではこの古くて新しい問いに取りくむことで、本書の方法論的背景を明らかにする。

ところで方法論とは、比喩的に言えば、りんごを切るためのナイフの選定である。ここにおいしそうなりんごがあるとき、つまり私たちの興味を引く現象があるとき、もちろんそれをそのまま食べてもよいのだが、私たちは、できれば丸かじりにするのではなくてきれいに盛りたいとおもうし、そうして他の人とも分けあいたいともおもう。切るための道具がしたがって必要となり、私たちは道具箱のなかからもっとも有用な、有効なナイフを選びだそうとする。正しい判断をするためには、まず対象の種類をよく見極めなければならない、どれくらいの大きさの果実で、どんな皮が、種があるのか。さらに、それぞれのナイフの背景を知ることも必要となる、ナイフAとナイフBはどのように異なるのか、誰が、どのような意図のもとに作ったのか、これまでどのように使われてきたのか。こうして方法論は理論とつながり、研究とはすなわち、対象と方法と理論の連関を構築する作業だと言っていいだろう。

明らかに、女性研究者たちが「女」という手つかずのりんごを取りあげたとき、適切な道具は用意されていなかった。あるのは大ぶりな斧やジューサーばかりで、この繊細な果実を、叩きつぶし、搾りとってしまう。道具を吟味する過程では、このように、既存のものでは事足りないことがしばしばある。新しいものはそこから創発する。フェミニストの方法論とは、特別に女というりんごのために発明された道具の蓄積を指す。

私が手にした〈日本女性〉というりんごを切るための、ナイフを探さなければならない。道具箱のなかはたいへんに多種多様で、たとえば「表象研究」とか「理論研究」とかいう抽き出しがあるのだが、私は「経験研究」に手を伸ばした。なかでも「フィールドワーク」というナイフ。ステレオタイプと対峙して生活する日本女性自身の声を聞く。この道具箱のさらに奥深くを探すうちに、探しあてたのがフェミニストの方法論だった。「女による、女のための」、私はこれを「日本女性による、日本女性のための」と読み替え、ぴかぴかのナイフとみずみずしいりんごを持ち、勢いづいた——その鋭い刃の威力をまだ知らずに。

2 語る女、語らない女——フェミニスト・エスノグラファーのジレンマ

「日本の女性が、海外で、私たちの場合はハワイですけれど、どういう経験をするのか。私自身もこうやって留学してて、いろいろ感じたりすることもあるんですけど、できるだけたくさん、他の日本女性のお話を聞きたいとおもって。ほんと、なんでも、どんなことでも。」

二〇〇二年から二〇〇四年、私は、ハワイ州ホノルル市在住の日本人女性を対象にインタヴュー調査を行った。(2) ほとんどのインタヴュー録および事前のEメールに現れるこのオープニング・センテンスは、私がこのインタヴューを「調査者とその対象者のあいだの」としてではなく「同じ日本女性間の」ものとして定義しようとしたことを示している。「私たちの場合」「私自身も」「なんでも、どんなことでも」、と。異なるナイフを用意したとき、りんごはこれまでとはまったく異なる様相を呈するはずだ。「日本女性による、日本女性のための」フィールドワークは、「私たち日本女性」の協同作品として、西洋の研究者のものとも、日本人男性のものとも異なる、新たな日本女性像を結ぶことができるはずだった。

　しかし調査が進むにつれ、この前提がナイーヴな思いこみであったことに私は気づかされる。調査に協力できない、したくない、つまり、「私たち日本女性」というカテゴリーに加わりたくない、という声が聞かれたのである。

「自分の人生を話して、それが論文に書かれるということには抵抗があります。」

「みんながみんな自分のことを話したいわけじゃないとおもいます。北村さんのような東大生にはわからないかもしれませんが、人に言いたくない経験もあるので。」

ここで私は重大な問題を突きつけられる。彼女らの人生を論文に書く、東大生である私の手には、依然としてナイフが握られている。そのためにインタヴューへの参加を拒む人たちがいるいっぽうで、インタヴューに協力してくれた人たちもまたそのことを意識していて、彼女らは私とのあいだの心理的距離を、私がおもうほどには縮めなかったのではないだろうか。私たちはたしかに、互いの過去や現在や未来を話し合ったけれども、それは果たしてどれだけ「ほんとうのこと」であり得ただろうか。

そもそも私は、「私たち」の一員たりえたのだろうか。東大大学院という後ろ盾を持ち、奨学金を受けて、ハワイ大学の修士課程に在籍する、ということはつまり語学のうえでもビザのうえでも経済的にも問題なく暮らしている、日本に帰る場所も残っている、私に、インタヴュー対象者たちは何度も「いいですね」「いいなあ」「うらやましい」と繰り返した。そのことばは、私にとっての「共感」が彼女らには「同情」ととられたかもしれないということを意味するのではないだろうか。私の手中にあるナイフもまた、多種多様な女性たちを「日本女性」としてのみ切り出す暴力的な道具に他ならず、しかもそのりんごを差し出す先はおそらく、彼女ら自身からはほど遠い学術界である。「日本女性による、日本女性のための」とは、いったい？

3　女が女を語るとき——フェミニストの対象・方法・倫理

フェミニスト・エスノグラファーのジレンマは、当然ながら、私だけが経験したものではない。「女による、女のための」研究は何を目指し、何を見落としたのか。一九八〇年代前半に続けて出版されたふたつの論集、『フェミニスト・リサーチの実践（*Doing Feminist Research*）』（Roberts ed. 1981）と『女性学の理論（*Theories of Women's Studies*）』（Bowles and Duelli Klein eds. 1983）から、フェミニストの方法論の定義を参照しておこう。

フェミニストの方法論に必要なことは、調査者と被調査者をともにデータ生産のための客観的道具とみなす「衛生的な」リサーチの神話を棄て、人間的なかかわりあいは危険なバイアスなどではなく、人と人が知りあい、互いの人生を認めあうための条件であると考えなおすことだ。（Oakley 1981：58）

私の定義では、女性のためのリサーチとは、女性たちの必要や興味、経験を重視し、女性たちの生活の向上に何らかの方法で貢献するリサーチである。（Duelli Klein 1983：90）

第一の引用であるアン・オークレーの論文は、フェミニスト・リサーチを語るうえでは必ず引用されるものだが、ここで彼女は従来の社会学的調査法のパラダイムで強調されてきた「正しいインタヴュー法」、すなわち客観性をともない距離を保った、科学的な、男性的価値を如実に反映する方法の限界を指摘する。女性が女性にインタヴューするとき、一方のみが質問し他方がそれに答えていくという機械的な繰り返しは不可能である。なぜなら、両者は同じジェンダーの社会化を受け、重要な人生経験を共有し、それゆえに調査に理想的とされている距離を保つことができないから。したがってフェミニストによるインタヴューは、調査者と被調査者の両者が同じだけ能動的に関与しあう、相互的な、「相対的に親密で非権力的な」(Oakley ibid.:47) 過程となる。バーバラ・デュボワも同様に言う、「(科学的アプローチが信奉する) 二項対立の、二元的な、直線的な、不変的なあり方というのは、自然の性質ではないし、人間生活や経験の性質でもない」(Du Bois 1983:110)。彼女の提示する「情熱をともなう学識 (passionate scholarship)」は、こうした男性的価値に基づいた現実の単純化から身を引き、女性たちの置かれた複雑な状況を汲み取ろうとする視座である。

次に引用したリネート・デューリ・クラインもまた、女性たちのことばをその語られた文脈を無視して分析する男性的方法論——時に女性研究者によっても運用される——に異議を唱え、「価値自由な客観性」に替え、「意識的な主観性 (conscious subjectivity)」を導入するべきだと言う。それは女性たちの主観的な経験をそのままに受けとめる態度であり、彼女らを調査対象としてではなく、「シスター」として、自らの鏡像として捉える態度である (Duelli Klein 1983)。以上の方法論がいずれも強調する「女性的価値」とは、シュラミット・ラインハーツが「経験的な分析（experiential analysis）」の方法論の中心に据える「女性的な認知形式」によく表されている。すなわち、「感傷的で非合理的で非科学的な、という侮蔑的意味ではなく、芸術的で繊細で、包括的で深遠、間主観的で、共感と連帯をともない、情感豊かで開放的な、人間味のある、審美性と感受性の強い」という認知形式である（Reinharz 1983:183）。

既に明らかなように、フェミニストの方法論はその初期において、ふたつの次元で学術界に支配的な男性的価値に挑戦した。第一に、それまで看過されてきた女性たちの経験に焦点を当てることによって、沈黙させられてきた「他者」の存在を明らかにし、支配的言説に疑義を呈する。たとえばオークレーによる出産経験のインタヴュー・リサーチは、医療や乳幼児教育の専門家による言説群に必ずしも回収されない、女性たち自身の声を浮かび上がらせた。しかし、デューリ・クラインが的確に指摘するように、「女性たちの声」が支配的言説にただ追加されていくだけでは意味がない（Duelli Klein ibid.:90）。第二の挑戦は、フェミニストたちが、実際の調査の過程で採用する倫理に関わっている。そこで運用されるのは伝統的な研究者倫理としての客観性や中立性ではなく、女性的価値、そしてそれに基づくシスターフッドである。男性的パラダイムにおいては忌避されてきた双方向的なコミュニケーション、感情的反応、連帯、共感を調査のあらゆる段階に組み込むことで、フェミニストたちは既存の学問的価値体系をラディカルに覆す新しい視座を開拓し、そして女性たちのエンパワーメントを目指したのである。その決意は、デュボワの以下のことばに強く表れている。

家父長制のレンズは知覚的にも概念的にも歪みをもたらすもので、私たちはそれを通してものを見るように教えられてきた。それを外すということは、説明しようのない現実に目を開かれるということだ。そのプロセスはゆっくりで、時には痛みや恐れをともなうけれど、同時に、衝撃をもたらすものでもある。(Du Bois 1983:110)

4 女と女を分かつもの——ポジショナリティの問題

しかし、これら革新的であったはずの方法論的視座が限界を呈するのに時間はかからなかった。一九九〇年代に出版された論集、『女たちのことば(*Women's Words*)』(Gluck and Patai eds. 1991)および『フィールドワークにおけるフェミニストのジレンマ(*Feminist Dilemmas in Fieldwork*)』(Wolf ed. 1996)は、先述のフェミニストの方法論に批判的再考を加える。

「彼女ら」もまた得るところがあるという一般的な意見は……調査過程そのものが前提とする不平等を疑問視するものではない。また、互いに学びあい真の対話がもたらされるなどというシスターフッドの見せかけも役に立たない。なぜなら、私たちはこの既に規定された宇宙のなかで生きているのであり、そこではそれぞれの役割が定められており、特定の人びとだけが常にリサーチの主体となることができ、その関係が反転することは決してないのだから。(Patai 1991:149)

皮肉なことに、調査対象を危険にさらし搾取するという点では、実証主義の抽象的な「男性的」リサーチ方法よりも、フェミニストのエスノグラフィーの手法のほうが確実に上をいく。親密になればなるほど、調査者と被調査者のあいだの相互性が大きく見えるほど、この危険性は高まるのだ。(Stacey 1991:114)

女と女が心を開きあい通わせあうリサーチ、というフェミニストによるこの前提は、実際のフィールド状況においては数かずの困難を抱えていた。第一には、デフネ・パタイが右で指摘する、女性と女性のあいだの、社会的文化的な、そして物質的な、差異と序列の問題がある。フェミニストの原則であったはずの非権力的な、非搾取的なリサーチは、「下方向へのインタヴュー(interviewing down)」の状況においては、矛盾を呈する。調査者と被調査者の置かれた立場に厳然とした不平等があるとき、たとえば日々の糧にも事欠くブラジル人女性を、アメリカから出向いた中産階級の女性研究者がインタヴューしようとするとき、そこに搾取の可能性がないと言えるだろうか。前者が後者に、冷蔵庫に残った最後のケーキの一切れを差し出すとき、女性自身の思惑とはほど遠いところで、それもまたフィールドにおける観察内容としてデータ化されるかもしれない。こうした非対称な関係を経験し、パタイは言う、彼女らもまた調査から益するところがあるなどという幻想は棄却されなければならない。誰が誰を調査し表象するかを決める序列が揺らぐことは決してないのだから、と（Patai 1991）[3]。

第二には、ジュディス・ステイシーが問題化したように、エスノグラファーに付された表象する者としての権威の問題も無視できない。いかに温かく迎え入れられ、平等で親密な関係を築き、心を開いた交流があったとしても、フィールドを自由に離れることができるのは調査者のみである。そして、そこで女性たちと共有したもの、なかでももっともプライヴェートな、彼女らが他の誰にも知られたくないとおもっているようなことさえも、「データ」として活用することができるのもまた調査者にのみ許された権限である。この「裏切り（betrayal）」の可能性は、実は、女性たちとの関係が親密でパーソナルであればあるほど大きくなる。ダイアン・ウルフが「フェミニストのジレンマ」として指摘するのもまた、こうした女性と女性のあいだの重層的な、すなわち社会的地位の、調査プロセス上の、そして調査結果にまつわる権力関係である（Wolf 1996）。川橋範子が言うように、フェミニストたちは「絶えず自分とフィールドの女性たちとの間に部分的に共有するものがあると知ると同時に、しかし自分と彼女たちとの間には差異が横たわっていること」（川橋 1997:78）に引き裂かれざるを得ない。

フェミニストたちが発明した新しいナイフ、女性たちの経験を中心に据える、情熱的で感情的で主観的な方法論は、なるほど、理想的なナイフであったかもしれない。しかし、対象と道具を並べればならないことは、自動的にりんごが切れるわけではない。実際にりんごを手にとり、道具に力を加え、切る、この手の持つ（権）力（power）に、私たちは気づかされる。いかに共感しても、どのようなエンパワーメントがもたらされようとも、「切る」、すなわち観察する、分析する、表象するという行為が前提にある限り、切る側と切られる側の関係を覆すことはできない。女性たちに赤裸々な経験を語らせておいて、私たちはそれを調査や研究として発表する。しかしそれは女性たちが望むことだろうか。そこから益するのはいったい誰か。フェミニストの方法論は実はもっとも鋭いナイフで、りんごは今も切り刻まれ、沈黙させられている。女性研究者たちはここでひとつの事実を突きつけられることになる。

フェミニスト・エスノグラファーたちは、中立性や客観性に挑もうとするフェミニストの原則を実践しようとするいっぽうで、自ら紡いだ裏切りの網にからめとられている自分に気づく。親密になりたい、友人になりたいと願う調査対象の女性たちの、まさにその背中のうえで、自分たちの本は書かれているのだ、と。（Behar 1993:297）

中谷文美による秀逸な要約を借りれば、ここにきてフェミニストの方法論は、「女」から「ジェンダー」へ、そしてさらに「ポジショナリティ」へとその焦点を移すことになる（中谷 1997）。また、川橋範子のことばで言うならば、女性たちを行為主体としてではなく受動的犠牲者として固定化された役割に封じこめてしまう「コロニアル・フェミニズム」から「ポストコロニアル・フェミニズム」への移行が果たされた、ということになるだろう（川橋 2007）。女性の声を組み入れること、ジェンダーという視角を持ち込むことは、たしかに男性中心主義の学術界に挑戦するものであったが、その返す刀で、女性たちをも切りつけるものであった。そこでフェミニストたちは自らの「位置性（positionality）」を省み、新しい問題群に直面する。(4) 誰が誰を表象するのか、どのように、何のために？

5 女が女を語らないとき——自己再帰的アプローチ

「女だけが女を語ることができる」という前提から、「どの女がどの女を語ろうとするのか」という問いかけへ。ナイフは今や研究者自身に向けられている。透明で中立な観察者でもなく、平等で同類の共感者でもないフェミニストは、それではどのように自己を語り始めたのだろうか。

女性研究者たちが手にした、自己再帰的アプローチというさらに新しいナイフ。論集『再帰性と声（*Reflexivity & Voice*）』（Hertz ed. 1997）の編者、ロザンナ・ハーツによれば、「再帰性」の考え方は、データとその収集についての理解に変更を迫る。つまり、「私は何を知っているのか」と「どのように私はそれを知っているのか」が区別して意識されることになる。この記述スタイルが強調するのは、これまで客観的な「データ」として扱われてきた、フィールドにおける経験のひとつひとつが発現したその過程である。どのような文脈のもとで、どのような権力作用をともなって、どのような効果のもとに、行為や発話がなされたのか。このとき「知識」は、ダナ・ハラウェイが指摘するように、あくまでも複数形の、相対的な、「特定の位置におかれた（situated）」なものである（Haraway 1991）。このアプローチが、大文字単数の「知識」を追究する科学的な男性的な価値に対する徹底した反駁となっていることは明らかである。この新しいフェミニストの方法論の達成と限界を考えていこう。

「再帰される自己」は、多くの場合、調査者自身のフィールド経験の回顧というかたちで表現される。研究者たちはたいてい自文化の「外」に赴くので、当該コミュニティの文化を彼女らがいかに認識し体験したのかが語られ、さらに、そこでの彼女らの立場や振る舞い、人びととの交流の様子が説明される。こうした記述には、ふたつの異なるトーンがある。ひとつには、研究者が複雑な社会関係の網の目をくぐり抜けつつリサーチを遂行する成功の物語。たとえば、以下で引用するヘイル・ボラックは、トルコの都市労働者階級の女性を研究するなかで、彼女が「内部にいる外部者（outsider within）」、すなわちトルコの中産階級出身の女性であるが、同時に、海外での学究活動に従事するフェミニスト研究者でもあるという立場を戦略的に使いこなす様子を強調している。

私は親しみのあるものや明らかなことに「気づく」ことも、それらを「問題視する」こともできた。長年にわたる海外経験、そしてアメリカにいるあいだに得た理論的関心のおかげで、慣れ親しんだものには気づかないという現地の研究者の問題を回避することができた。完全にフィールドに溶け込んでしまうのではなく、環境に親しみすぎないように距離を調節したのである。(Bolak 1997:110)

同様に、シュラミット・ラインハーツも、一年間のキブツにおけるフィールドワークで彼女が経験した複数の自己を考察し、「もしこうした過程のどこか一点で止まっていたら、私は勝手なおもいこみで結果を決めつけていたかもしれない。したがってこの調査においては、私が一年間そこにいて変化を経験できたということが重要だった」(Reinharz 1997:18) と、「一時的な成員」という位置の有効性を強調している。

このように「外部者」としての位置を巧みに利用するエスノグラファーがいる一方、フィールドでの出会いや相互行為がおもうように運ばず、「部外者」である自己の位置を痛感するエスノグラファーもいる。彼女自身はアメリカ出身の白人女性であるソンドラ・ヘイルは、スーダンの女性政治闘争家へのインタヴューが、期待していたようなフェミニスト的連帯には結びつかず、むしろ彼女は一方的な聞き手としてその場に座らされたことを回顧する。

西洋の白人フェミニストである私が、自分がおもうように話をされたいと望むのは間違っているだろう、彼女は私を他のカテゴリーで認識しているかもしれないのだから。……ずうずうしくも私は、あたかも彼女と同じ大義を共有しているかのように振舞ってしまった。そして彼女にもそれを認めること、その目的のために私の役割を肯定することを期待してしまったのである。

(Hale 1991:133–134)

また、キャサリン・ボーランドは、一九四〇年代の黒人女性のフォークロアとして、自身の祖母にインタヴューするが、草稿を読んだ彼女から、「私自身はフェミニストではないので、その『女性の苦しみ』というものが私の人生のなかで問題になったことはまったくない。そんなこと、思ったこともない」(Borland 1991:69) と、強い反発を受ける。これら不成功の物語は、先述したフェミニストのジレンマを如実に表していると言えよう。

上掲の自己再帰的エスノグラフィーにおいて、調査対象の女性たちは客体としてではなく、調査者に協力したり反発したり、敬遠したり利用しようとしたりする能動的な行為者として描かれている。他方、調査者もまた透明な存在ではなく、困惑したり感動したり、戦略を練ったりするもうひとりの登場人物である。しかしながら注意しよう、自己再帰するフェミニストたちはそうした経験を回顧するばかりで、自身と対象者とのあいだにある差異や序列に挑むわけではない。まず、調査者による巧妙な、戦略的な成功の物語は、結局のところ、彼女らがそれだけ自己呈示に長けていること、さらにはフィールドの人びとには見えないものを見る能力を持つことを誇示し、その結果、彼女らの研究者としての権威を強化しているにすぎない。次に、女性間の連帯や合意の不成功が語られるときには、調査者と被調査者のあいだの深い亀裂が焦点化され、さらには決して超えられないものとして絶対視されてしまう。いずれの場合にも女性たちは、従順なあるいは抵抗する「被抑圧者」であり、つねに「裏切り」の危険に曝された、多くの場合経済的にも社会的にも不利な位置にある、傷つきやすい（vulnerable）者たちである。もはや「シスター」でさえなく、研究者には手の届かない、彼岸の「他者」――それは、フェミニストの方法論が描きだす女性たちとしては、あまりにも無力な姿だ。

私もまた、インタヴュー対象である日本女性たちから一定の距離を保たれることによって、シスターフッドの幻想に気づかされた。研究者としての私の優位や権威を意識し、フィールドにおける権力関係のただなかにある自身を認めたが、しかし、それだけでは日本女性たちをオリエンタリズムの視線のなかに放置することに変わりない。女が女を語らず、新しいナイフで自らの手ばかりを弄ぶとき、りんごはふたたび放置されることになる。自己再帰の物語から、さらに一歩先へ進む必要がある。

6　女が女に語るとき、語らないとき――「アイデンティティ」という矛盾

言うまでもなく、フィールドにおける権力関係や調査者の位置性といった問題は、フェミニストだけが経験したものではない。エスノグラフィーを中心的方法論とする人類学は「ポストコロニア

ル転回」のあと、学術領野としての危機に直面してさえいるし（Clifford and Marcus eds. 1986=1996；杉島編 2001）、こうした問題意識から調査主体の経験に焦点を当てて編まれた論集も少なくない(5)。自明のカテゴリーであった「見る自己」と「見られる他者」の関係が問題視され、この手のなかにあるのがりんごだという前提が実は幻想に過ぎなかったことに、私たちは気づいてしまった。そのときただ自己反省に耽溺する以外に(6)、私たちに何ができるだろうか。

女が女を語るとか、あるいは、女が女のために語るとかいうナイーヴな前提はたしかに棄却されるべきだ。しかし、それぞれの個別具体的なフィールドにおいて、今も、女たちは女に向けて語っている。どのように違っていようと隔たりがあろうと、女が女に語ることばがある。こうした「女たちのことば」は、やはり「声」として聞かれることを望んでいるのではないか。

「ことば」を研究対象とする言説分析の手法を用いる研究者のなかにも、フェミニストの矛盾を指摘する流れがある（Wilkinson and Kitzinger ed. 1995）。たとえばロザリンド・ギルは、言語論的転回を経たフェミニズムが直面するジレンマ、すなわち統一の、一定の「女」というアイデンティティを想定できないことからくる相対主義の陥穽を指摘したうえで、フェミニストたちの再帰的態度の重要性を喚起する。しかしそれは、上述のフェミニスト・エスノグラファーたちの自己耽溺の物語とは一線を画するものだ。ギルは言う、必要なのは、自己と他者の声をテキストに織りこむだけで最終的には分析者の権威を強化するだけの「偽の多声性」ではなく、「分析者が自身のコミットメントを認めたうえでそれを批判的に考察するという意味での再帰性である」（Gill 1995：182）。

同様の問題関心から、スー・ウィディコムもまた、ポストモダニズムやポスト構造主義の流れを汲む言説分析が、ほんらいフェミニストの関心であったはずの女性たち自身による経験の語りを聞かず、もっぱらそれらを断片的テキストに帰してしまっていると批判する。彼女は、自身のパンクの若者に対するインタヴュー調査において、調査者が用意したカテゴリーを回答者たちが拒んだり、名づけなおしたりする様子――「だって自分のことを分類したりしないよ」――を考察し、こう結論づける。

あるカテゴリーの特徴について文化的に知識が共有されている、などと単純に前提すべきではない。アイデンティティを「する」過程においては、そうした規範的知識は回答者にとっては資源のひとつなのだと考えなければならない。彼ら彼女らはそれを利用し、変形し、そして拒絶することもあるのだ、と。（Widdicombe 1998:70）

こうして学術的・理論的な前提を読みこむことをやめ、語る女性たちの声に耳を傾けるとき、私たちはふたつの重要な発見に至る。第一に、「女性であること」は、個別具体的な文脈のなかでは時に肯定的に積極的に活用されており、そして第二に、「女性であること」の意味それ自体が、そのつど再定義されながら生きられている。ビヴァリー・スケッグズによるイギリス労働者階級の女性のエスノグラフィーは、この価値と意味の多元性を、きわめて鮮やかに描き出す。彼女はまず、フェミニストの理論家たちが、知識分配における強者に他ならず、労働者階級の女性たちの現実をその理論に適合するかたちでのみ解釈してきたと批判する。たしかに労働者階級の女性たちは、身のこなしや服装に気を遣い「女性らしく」みせることに余念がない、つまり、「(中産階級の) 女性性規範」に追随するようにみえる。しかしスケッグズは言う、「本研究における女性たちが女性性に投資するのは、低俗だとか病的だとか趣味が悪いとか性的だとかいう位置におかれるのを避けるため、自らが尊敬に値するということを証明するためだ」(Skeggs 1997:100)。たとえジェンダー規範に追随するようにみえたとしても、それは別の目的達成のための手段的な行為である、と彼女は強調する。

きちんとしてみせるということは、外見と振るまいを通して女性らしさを提示するということだ。何かであるようにみえるということと、何かであるようにみせるということは異なる。ある態度を内面化しているということと、それを体現してみせるということの間には、はっきりとした違いがある。(Skeggs 1997:102)

こんなにも当然のことがこれほど重要な発見として言われなければならないということそれ自体に、当事者自身による意味づけがとりこぼされてきたというフェミニストの方法論の問題が浮き彫りになる。

さらにいくつかのエスノグラフィーを参照しよう。女性研究者による「裏切り」の可能性に警鐘をならしたジュディス・ステイシーは、いっぽうで、現代のキリスト教福音主義集団におけるフィールドワークを行い、女性たちが保守的な宗教集団のなかで引き継がれている性別役割分業観を多義的に実践する様子を描きだす（Stacey and Gerald 1990）。実際、彼女ら自身による次のようなことばは注目に値する。「より大きな親密と安全を手に入れるためなら、家父長制的権威を受けいれるぐらい大したことじゃない」（ibid.:107）、「夫に仕えるのも神の教えに沿うのも、私自身の選択。自らこの位置を望んだのであって、私たちはドアマットではない」（ibid.:111）。こうしたことばには明らかに、彼女らが希求する「親密や安全」を無価値なものと断定し、さらには彼女らを「ドアマット」とみなそうとする、研究者のまなざしに対する反駁が含まれている。りんごはいつも、ただ切られているわけではない。

ここで注意すべきは、このような、語る「女」という主体を、不可変の、本質的な実体として捉えてはならないということだ。彼女らは研究者からの要請に応えて、時に強制されて時に自発的に「女」という位置につくのであり、録音機器のスイッチがオフになれば、そこからひらりと飛びおりて、まったく別の顔を見せるかもしれない。あるいはインタヴューのさなかにも、様ざまに位置を変え、ずらし、ついには調査者のおもいもよらないところへ移動するかもしれない。このとき、研究者が用意した位置は意味をなさなくなる。フェミニストの方法論が向かうべきは、まさにこの、つかみどころのない、流動的で一時的な、浮かんでは消える、〈女〉たちである。

もうひとつの例を参照しよう。カマラ・ヴィスウェスワランは、インド系アメリカ人二世という位置から、独立運動に関与したインド女性たちの調査をするが、彼女と調査対象の女性たちとの関係はきわめて複雑であり、彼女は女性たちの裏切りや沈黙、拒絶や自己矛盾といった「失敗(failure)」を多く経験する。しかし、先にみたフェミニストたちがそれらを避けるための戦術を練り(7)、あるいはただ悲嘆にくれたのに対して、彼女はこうした困難にこそフェミニスト・エスノグラフィーの可能性があると言う。

フェミニスト・エスノグラフィーは、アイデンティティがいかに多様で矛盾に満ち、部分的で戦略的なものかを考えることができる。その前提にあるのは、当然ながら、その主体が、社会的、言語学的、政治的な力の軋轢のただなかから彼女自身を表象しているということだ。語りは個人の表現であるとともにイデオロギーの現れでもある。「経験」というカテゴリーは、個々の主体の真実を見極めるためにではなく、イデオロギー間の矛盾を衝くために利用されることとなる。支配的言説を分節化するなかで主体が構築される過程に目を向けることができる。(Visweswaran 1994:50)

女性たちが〈女〉という位置を軸に織りなす、様ざまな自己。しかし、彼女らはまったくおもいのままに、自由に〈女〉になるのではない。ヴィスウェスワランの言う「支配的言説」、すなわちジェンダーをはじめとする社会的カテゴリーに付された規範的意味や価値をふまえたうえで、その枠組みのなかにおいてのみ、すなわち既存の〈女〉という位置からのみ、彼女らは発話し行為することができる。だがこのことは、女性たちがつねに支配的言説に囲いこまれているということを意味しない。〈女〉というアイデンティティは、実は同一性など想定するべくもなく複雑に織りなされるものであり、その過程は権力の網の目のなかからなされるがゆえに、両義的な効果を持つ。

7　語られる女の位置から——翻訳の（不）可能性

ここで再び私たちは、「アイデンティティ」という奇妙な語義矛盾に向きあうことになる。〈女〉とは所与の実体ではなく、そのつど構築され遂行され、そのなかで再生産されるとともに撹乱されるものである以上（Butler 1990=1999）、調査フィールドにおいて語る女性たちもまた蜃気楼のように、はっきりと、しかしあくまでも虚構として、私たちの眼前に立ち現れる。そのとき語られる側の〈女〉には、いったい何ができるだろうか。

ヴィスウェスワランが、彼女自身の「完全にインド人でもアメリカ人でもない」位置に無自覚ではいられなかったのと同様に、私もまた、「ひとりの日本女性」という自己定義のほかに、「東大生」や「フェミニスト」というアイデンティティを隠したり、暴露したり、女性たちの側から要請されたりした。すなわち、「多様で、矛盾に満ちた、部分的で戦略的なアイデンティティ」は、支配的言説の網の目のなかで、固有の状況にあわせて、具体的な他者との関わりのなかで、生み出される。それも、調査者と被調査者の双方を同様に巻き込んで。

こうしたプロセスを経験するのは、何も、インド系でインドを研究するヴィスウェスワランや、日本女性で日本女性を研究する私に限ったことではない。〈女〉の語りを聴くフェミニスト研究者の位置はつねに、キリン・ナラヤンの言う「ハーフのエスノグラファー（halfie ethnographer）」（Narayan 1993）のそれである。なぜなら、人類学や社会学というひとつの「文化＝言語」に所属しつつ日常生活世界に赴く私たちは、つねに（少なくとも）ふたつの世界に身を置く者だから。その位置は、対象である女性たちに完全に同一化することを禁じるが、しかし同時に、私たちが彼女らの経験を何らかのかたちで、その場限りであったとしても、理解し得るという希望を否定しない。バリにおけるフィールドワークをふまえ、中谷文美は言う、

女性だから女性を理解できる、という本質主義的前提を否定したとしても、フィールドワークのさまざまな局面において、お互いの深部に触れるような気持ちの通い合いを実感する場面は多々ある。……それがナイーヴな感傷にすぎず、結局は被調査者に対する「背信」につながるのだという非難は覚悟しなければならない。それでも、他者の中に自己をみいだしてしまうという素朴な実感には否定しがたいものがある。（中谷 2001：123-4）

ここで言われる「気持ちの通い合い」や「他者の中に自己をみいだしてしまうという素朴な実感」が、とりもなおさず一時的な、矛盾や不平等を孕んだ、かぎりなく幻想に近いものであることは強調されなければならない。しかし同時に、〈女〉と〈女〉がこのように出会うとき、ハーフであるエスノグラファーは、「他者化せざるをえない研究対象の中に（部分的にではあっても）自己がある、という矛盾を生き続ける」（中谷 ibid.:125）。

境界のあちらとこちらをともに生きる、あるいはどちらをも生きることができない、という位置から、フェミニスト・エスノグラファーは女性たちの行為や発話の、そしてそれをとおして立ち現れる彼女らのアイデンティティの、複雑性を書き留めようとする。この行為を、静態的な「記述」でも、権威的な「表象」でもなく、境界を越えるための「翻訳（translation）」として捉えなおそう。ルース・ベハーは、メキシコの労働者階級の女性、エスペランザ（本人による仮名、スペイン語で「希望」の意味）のオーラルヒストリーのなかで、自身が行使する「翻訳」の行為、すなわち「ライフヒストリーを使い捨ての商品に変えてしまうこと」（Behar 1993:14）に、強く自覚的である。

私は今、聴き役としての能力を超えて、ここに座り、エスペランザの語った歴史を次々に切り取っている、もう一度つなぎあわせてライフヒストリーの本に仕立て上げるために。そして恐れている、私は彼女の舌を切り取ろうとしているのではないだろうか、と。しかし私は彼女の舌を切り取ってしまったあとに、もう一度彼女のために舌を縫い合わせる。英語でもスペイン語でもない奇妙な舌を、翻訳された女性のことばを。エスペランザはこの本のなかで、彼女自身は決して話したことのない方法で語っている。(Behar 1993:19)

貧困や家庭内暴力、離婚、家族からの裏切り、過酷な労働といったエスペランザの苦難の数かずは、したがって、客観的な事実の集積としてではなく、キューバ出身でユダヤ系の、アメリカ国籍の人類学者であるベハーを相手に語られた、国境を越えて運ばれるための物語として、示される。同様に、自らがフィールドで出会った女性について「彼女は誰なのか。彼女の『正しい』名前とは何なのか」と問う岡真理も、その試み自体に含まれる表象と翻訳の暴力に行き当たる。

人を何者かとして名づけること、たとえ名づけるのが彼女自身であったとしても、それは暴力であるのだ。彼女の表象と彼女自身のあいだには、つねにすでに、ズレがある。(岡 2000:30)

だが、岡もまたここで歩みを止めようとはしない。重要なのは、「正しい」名前を見つけだすことではなく、そこにかならず生じる「ズレ」を焦点化すること、「私が彼女を何者かとして名指し、彼女について語ることで何が交渉されているのかと問うこと」だ、と(ibid.:31)。〈女〉が〈女〉に向けて語ることば、そしてそこで採用される「名前」もまた、たしかに作為的な状況における一時的なやり取りの成果にすぎない。しかし、それを放置したまま自己に再帰するのではなく、私たちは、そこにある「ズレ」を知り、「奇妙な舌、翻訳されたことば」をつくりだすことができるだろう。そして国家間の、文化間の、あるいは日常生活世界と学術界のあいだの境界を超えて、それを運ぶことができるだろう。私たちが不可避的に加えてしまう、変形（translation）に胸を引き裂かれながら、それでもなお。

「女による、女のための」方法論は、解決できないジレンマである。研究者の存在は、その場をリサーチというきわめて特殊な状況として定義し、参加者たちにそれにあわせて振舞うことを要求する。それは、傷つきやすい他者に対する暴力にちがいない。と同時に研究者たちもまた「傷つきやすい観察者（vulnerable observer）」（Behar 1996）であり、カメラのレンズの後ろに留まることをやめた瞬間に、ひりひりと厳しいこの現実に自らを巻き込むことになる。女性たちを定義し、利用するとともに、定義され、利用され、あるいはそのいっさいを拒絶されて。そうしたできごとのひとつひとつ、抑圧や軋轢や矛盾や抵抗の数かずをとおして、このとりとめのない、不確かな、流動的な〈女〉というものを考えよう。〈女〉が〈女〉と語るときに生起する、限りなく幻想に近い、しかし真実らしく感じられる同一性、いわば葛藤をともなう共感の気持ちを、変形させながらもどうにか記録しようとする、私たちの不可能な試みを、フェミニストの方法論と呼ぼう。

8 〈日本女性〉による、〈日本女性〉のための

フェミニストの方法論はこれまで、いかに女が女を語るかにばかり照準してきた。初期の方法論が、ナイーヴにも「女性的な」様式や倫理を前提したのに対し、その後の批判的アプローチは、女と女のあいだの差異と序列を強調し、それを所与としてしまった。しかし本章で示したように、フェミニストの方法論が今向かうべきは、女が女に語る、その現場である。そこには、当然のことながら、親密と非対称が、共感と分裂が、同時に生起する。私たち研究者に、眼前の女性たちへの完全な同一化は許されない。しかしそれでも、半分の(half)、あるいは一部の(partial)同一化をとおして、私たちは、他者であり自己である〈女〉を知りたい、理解したいと願い続けている——ヴィスウェスワランの言うように、「そうすることが不可能であると知りながら」(Visweswaran 1994:79)。この矛盾にこそ、方法論としてのフェミニズムの可能性がある。

私に応じてくれた日本女性たちは、いずれも、私の定義するインタヴュー状況にあわせて、私という聴き手のために〈日本女性〉として語ったけれど、それが彼女らのまったき真実であるとは限らない。そうである必要はない。彼女らの話したことは私の手のなかに、幻のりんごとしてあって、私はもはやそれを好き放題に切り刻むことはできないが、しかしやはり私以外の人にも味わってもらうためにナイフを入れる——この手を切りつけながら。私は切れないナイフを手に、切ってはな

らないりんごに向かっている。それでもやはり、時として、その味を知ることはできる。それは同時に、私の指からしたたる血の味でもあるのだけれど。〈女〉は〈女〉のためにそれを果てしなく繰り返すのだろう。禁断の果実を、口にするために。

註

(1) 本章が「フェミニストの方法論」として一義的に指すのは、女性研究者が女性について実際にフィールドワークをとり行う際の手続きに関する議論である。これとは別の問題系として、特にフェミニスト人類学の分野では、「女」を、性差別・ジェンダー・文化などの概念との関連において、いかに対象化し問題化するかが長く論じられてきた。その理論的な展開については、上野 1986、Moore 1988、Visweswaran 1994、中谷 1997、宇田川 2003、田中・中谷編 2005、宇田川・中谷編 2007 などを参照。

(2) 調査の概要については次章で述べる。

(3) 小橋模子の論考においても、たとえ調査参加者との共同作業のなかでリサーチが運ばれたとしても、調査の「利益」に関しては依然として調査者の視点が先行してしまうこと、さらには、「社会的力関係が、人種、階級、民族などの間で均等でない社会で、個人の性格や価値観に基づいた関係やつながりをあまり強調すると、この不均等な力関係が見えなくなる可能性がある」(小橋 1996: 135)ことが強調されている。

(4) 言うまでもなく、社会学の伝統においても、研究主体の認識や思考が客観的中立的ではあり得ないということは看過されていない(マックス・ウェーバーの「価値自由」やカール・マンハイムの「存在拘束性」の議論など)。しかし、「ポジショナリティ」の概念は、調査者が自らの社会的属性や環境に不可避的に影響されるということだけでなく、その結果彼ら彼女らがとる位置が、被調査者にとって権威的になり得ることも問題としている。フェミニストの方法論の貢献は、調査者が学問的要塞にとどまることをやめ、社会的関係のただなかに自己と他者を認めなおし、そこに発現する権力に注意を向けた点にある。

（5） Markowitz and Ashkenazi eds. 1999; Bestor, Steinhoff and Bestor eds. 2003; Hume and Mulcock eds. 2004などを参照。

（6） 自己再帰的アプローチに対しては、作者自身についての記述に終始しがちであるという「自己耽溺性」の批判が多くきかれる。後述するルース・ベハーの議論においても、ただ私的なことを書けばいいのではない、と強調されている。「自己の暴露は、そうしなければたどり着けない場所に読者を連れて行くものでなければならない。議論に必須であるからなされるべきなのであって、装飾や粉飾、暴露のための暴露であってはならない」（Behar 1996:14）。また、エスノグラフィーの文脈ではないが、研究者によるポジショナリティの明示化については、千田有紀が後述のギルと近似した主張をしている。「自らのポジショナリティを問うことにより、自己の責任が免責される誘惑に、私たちは打ち勝たねばならない。……ポジショナリティを明示化したあと、自分の立場を他の場所に置いて満足してしまうのではなく、そのこと立場自体を引き受ける、責任を引き受けることが必要だ」（千田 2005:284-5）。

（7） 実際ヴィスウェスワランは、前掲の論集『女たちのことば』がフェミニスト・エスノグラフィーに不可避的な問題群を扱っているにもかかわらず、それらをいかに解決するかを示す「アドヴァイス・マニュアル」の域を出ていないと批判している（Visweswaran 1994:97-8）。

第三章　〈日本女性〉はどう見られるのか

人類学・社会学のまなざし

「伝統的な女性」は、いつでも、話し手でない誰かを指していた。
Robin LeBlanc, *Bicycle Citizens : The Political World of the Japanese Housewife*

1　「日本女性研究」？

〈日本女性〉を私が語り始めるまえに、学術界において日本女性がどのように語られてきたのかをみておかなければならない。本章では、アメリカを中心とする英語圏における日本女性研究、なかでも人類学・社会学の著作に焦点を当て、その内容を紹介するとともに、そこで用いられている理論的・方法論的枠組みを批判的に検討する。興味深いことに、英語で書かれた日本女性研究の著作のうち、日本語に翻訳されているのはわずか数点しかなく、したがって、日本女性を対象とする研究の蓄積は、欧米のアカデミズム内部で流通するばかりで、当の日本女性の目にふれることは少ない。まずはこの断絶を破ることを試みよう。

と同時に、英文テクストを翻訳し要約し、英語圏研究者の手による日本女性像をなぞりなおすだけではじゅうぶんでない。第二の目的として、本章では、日本女性研究という営みそのものにふくまれる政治性に迫る。言うまでもなく、日本研究(Japanese studies)は、その背景にオリエンタリズムを背負っている。「日本」という存在を自己とは異なる・自己に劣る「他者」として立ち上げたうえで、「日本らしさ」なるものを追究してきた学問である。「日本」がこのように政治的に構築されているとき、「日本女性」はさらに複雑な位置に置かれる。この「日本女性」という、オリエンタリズムによってセクシズムによって、二重に他者化された存在を、欧米の研究者たちはどのように扱ってきたのだろうか。

歴史の再構築

ひとつの顕著な流れとして、「イメージからリアリティへ」と呼ぶべき方向性がある。それは、西洋に未だ横溢する、日本女性はおとなしくてシャイで従属的である、というような古典的なオリエンタリストのステレオタイプを、女性たちの実態を描くことで打破しようとする視座である。歴史学の立場をとるものとしては、まず、ゲイル・バーンスタインの編書『日本女性の再構築一六〇〇～一九四五（*Recreating Japanese Women 1600-1945*）』（Bernstein ed. 1991）が、これまで公的言説からのみ書き起こされてきた歴史を再考している。その前提を表して編者は、「ジェンダーに関する公的な教えが社会的現実において反映されていたと想定することは必ずしもできない。……女性たちがしたこと（そして、せずに済ませたこと）は社会的に定められた規範とは異なっていたのであり、そもそもそうした規範を遵守していたのは上流階級のごく少数に過ぎなかった」（Bernstein 1991:4）と言う。こうした視点から書き起こされる女性史の数かずにおいて、日本女性たちは時に反旗を翻す労働者であり（Molony 1991）、また、いっぽうで「新しい女」や「モガ」の潮流を巻き起こす存在である（Silverberg 1991）。ヴェラ・マッキーによる社会主義者の女性の研究は、「公的な教え」に回収されない女性たちが、社会主義運動に関わることで共闘する労働者という地位は得たものの、女性特有の問題の解決には着手できなかったという矛盾を浮き彫りにしている（Mackie 1997）。それはつまり、支配的規範とその実践のあいだにはつねに深い「リアリティ・ギャップ」（Buckely 1993）があるということに他ならない。同様の視点からキャスリーン・ウノは、良妻賢母イデオロギーがそれ自体歴史的変遷を経てきている不定形なものであることを示し、その運用のされ方も多様性に満ちており、時には女性たちが公的政治に介入するために援用されることさえあった、と強調している（Uno 1993）。

エスノグラフィーの挑戦

さらに人類学・社会学のアプローチは、こうした公的言説とリアリティの齟齬を、エスノグラフィーの手法から暴こうとする。(1) 長期にわたるフィールドワーク、参与観察、インタヴューなどから明らかになるのは、「日本女性らしさ」として想定されてきた特質がステレオタイプに過ぎないこと、そして日本女性間に存在する世代の、地域の、経済的な、社会的な差異である。加えて、ジョイ・ヘンドリーは言う、「人びとの行為と、彼ら彼女らによるその行為の説明は往々にして異なるものであり、さらに、彼ら彼女らがしなければならないと考えていることとも異なっている。時間が経つにつれ、人類学者はこの三段階のすべてを見抜けるようになるが、おそらくそれぞれに重要性がある」(Hendry 1999:ix)。このようにエスノグラフィーの方法は、異なる複数の位相にもれなく定位し、もっとも「リアルな」日本女性を描き出そうとするのである。

しかし、ここで問うべき重要な問題がある。こうしたエスノグラフィーが、ステレオタイプ的イメージの超克のために提示するリアリティとは、いったいどのようなものなのだろうか。研究者たちがステレオタイプを覆すための参照点として、歴史的な、あるいは現代の、「リアリティ」を持ち出すとき、それはあたかも誰がどのように調査をしても同じように立ち現れる絶対的なものとして考えられている。そして同時に、調査する主体である研究者自身は、眼前に横たわる現実を忠実に写し取る、透明な媒体であるかのように想定されている。エスノグラフィーとは、あたかも、現実世界にある権力作用の外で、中立的な立場から、唯一の真実を記す行為であるかのように。

こうした前提がすべて、ナイーヴな想定であることは言うまでもない。研究者がフィールドに持ち込むのは、調査機材だけではない。彼ら彼女ら自身の身体、そしてそこに付着した属性、外見、パーソナリティ、態度、そして学術的立場もある（Plummer 1983=1991）。そうした背景からするエスノグラフィーとは、ジェームズ・クリフォードが言うように、政治的な企てに他ならない――「肖像画を描くために文化を静止させようとする企ては、いつも単純化と排除、当座の焦点の選択、特別な自己‐他者関係の構築、力関係の強要や駆け引きという問題を引き起こす」（Clifford 1986=1996：17）。このとき、エスノグラフィーは果たして、絶対的な真実のみを提供することができるだろうか？　そもそも、「絶対的な真実」とは？　エスノグラフィーそれ自体を研究の対象とする、メタ・エスノグラフィーの試みが必要となる。

2　停滞する進歩――「革新的日本女性」のエスノグラフィー

本節および次節で扱うのは、旧来のステレオタイプとは異なるかたちで日本女性像を描出しようとするエスノグラフィーである。標的とされているのは、「日本の女性は優しくてシャイで従順」（Ogasawara 1998:1）、「着物に身を包んだ、繊細で従順で人形のような日本の妻」（Diggs 1998:2）といった一連の古典的イメージであり、研究者たちは大別して二種類のアプローチからそれらを乗り越えようとする。第一には、ステレオタイプから外れる、いわば「例外的」「進歩的」な日本女性に照準するエスノグラフィーがあり、第二には、一般的に「典型的」日本女性とされているグループを対象とし、彼女らの生活にイメージから逸脱する要素を見出すエスノグラフィーがある。これらの研究が提供する「リアリティ」とは、どのような現実だろうか。

政治の世界、ビジネスの世界

伝統的役割からの脱却をはかる日本女性に照準するものとしては、まず、スーザン・ファーの政治活動に携わる日本女性研究が挙げられる。一九七〇年代のフィールドワークに基づく本書では、「新伝統主義者」「新しい女たち」「急進派平等主義者」の三カテゴリーが見出され、政治という未踏のアリーナに進出する女性たちが焦点化されている。注意すべきは、ファーが彼女のインフォーマントたちに対して下す、最終的評価である。父や夫、ボーイフレンドのために、つまりは伝統的女性役割の延長で、政治活動に参加する「新伝統主義者」は言うまでもなく、「新しい女たち」も「急進派平等主義者」も、自らの政治参加を時に隠したり、あるいは所属する政治団体内のジェンダー不平等には甘んじたりするという点で、徹底した「役割の再定義」には至っていない。彼女らもまた、他者に仕え自己を犠牲にするという日本社会における支配的ジェンダー・イデオロギーの内部に留まっているのである、と、ファーは結論づける（Pharr 1981=1989）。

「革新的日本女性」は、企業組織内にも見出されてきている。管理職女性を対象にフィールドワークを行ったジーン・レンショーが明らかにするのは、日本には女性部長や女性課長が相当数いるということ、したがって彼女らは存在しないのではなくその姿が隠されているということである。なぜなら、アメリカ女性が傷つくリスクを抱えながら「ガラスの天井」を壊そうとするのに対し、日本女性は「障子のうしろを」、すなわち、「不可視のスクリーンに隠れて」通り抜けていくから、とレンショーは言う(Renshaw 1999:139)。たとえ管理職に就いても女性たちは職場での和を重んじ、「従属するか、怒りや敵意を抑圧するか、あるいは構造に闘いを挑むか、というチョイスを迫られるが、最後の選択肢がとられることはほぼない」(ibid.:249–50)。この視点はミリー・クレイトンにも共通している。彼女はデパートをフィールドとして、そこに女性主体の「カウンター・カルチャー」が展開しつつあることを見取るが、そのいっぽうで、働く女性たちの向上心が低いことにも注意を促す。「未婚の管理職女性が数多く存在するのをみて、若い女性たちは、キャリアの向上を目指すよりもむしろ、職場での成功が幸せな結婚の妨げになるという信念を強める」(Creighton 1996:215)。日本のキャリア・ウーマンは、したがって、第一に不可視の存在であり、第二に後続者をともなわない、微々たる進歩の担い手でしかない。

「国際派日本女性」たち

さらに、変化する日本女性の新たな一群として注目を集めるのは、国際舞台に進出する女性たちである。カレン・マーは「現代の蝶々夫人」として、国際恋愛・結婚で自己実現を図ろうとする女性たちを取材するなかで言う、「日本女性は外国のものや社会的に容認されていない行為を喜々として楽しむことで……日本社会が女性に与える立場に対する不満を表しているのである」（Ma 1996:70）。また、アメリカ在住の日本女性を「鉄の蝶」と呼ぶナンシー・ディッグズは、彼女らの日米での生活を、「日本に住むということは、物理的にも精神的にもそして感情的にも他人からのプレッシャーを常にうけて生活するということであり」、したがって「アメリカ生活は彼女らにとって、日本での重荷から逃れることのできるつかの間の自由の時間である」（Diggs 1998:125, 128）と対比する。あるいは、カナダの「新移住者」である日本女性たちを対象とするオードリー・コバヤシが言うように、日本における「女の子らしさ」の神話から逃れるために移住した女性たちが、新天地で自由や平等を味わいながらも同時に、「日本の文化との関連において、いろいろな理由で罪の意識を感じている」という議論もある（コバヤシ 2003:236）。いずれにおいても、日本女性は異文化に身を移すことで、日本社会にない自由を限定的にではあるが経験する、という強調がある。(2)

しかしながら、西洋社会が虐げられた日本女性を解放するという図は、すでにクリシェ化していると同時に、それ自体がオリエンタリスト的想像であることに注意しよう。そこでは、「前近代的で遅れた日本」と「解放的で平等な西洋」という図を前提として、そこに「蝶々たち」が配置されている——あたかも、前者から後者への移行がつねに望ましいものであるかのように。これに対して、「解放的で平等」であるはずの西洋世界で、日本女性たちがとりもなおさず劣位に置かれていることを鋭く指摘するのが、カレン・ケルスキーである。彼女によれば、「日本女性がいかなる努力でもって国籍を超えようとしても、成功を収めることはできない。強力な人種とジェンダーの序列は、常に彼女らを『彼女らの場所』へと押し戻す。彼女ら自身が理想化する国際的な場面でさえ、あるいはそれゆえに」(Kelsky 2001:18)。ここからケルスキーは、国際的日本女性の抱えるジレンマを見出す。すなわち、自由や解放を願う彼女らの西洋崇拝は、自らをエキゾティックでエロティックなものとして据えるジェンダーと人種の差別構造を強化するものに他ならない。さらに女性たちは海外に身を置くことによって個人レヴェルでの満足を得るかもしれないが、日本国内のジェンダー不平等は未解決のまま残されることとなる、と。

さらに、ニューヨークとロンドンに渡った若い日本人アーティストたちを対象とする藤田結子のエスノグラフィーも、[3] 従順で受身の「ロータスブラッサム・ベイビー」と狡猾で危険な「ドラゴン・レディ」のステレオタイプが女性インフォーマントたちをとりまくことに注意を払う。不利な状況に置かれた彼女らは、いっぽうではそのイメージを利用しようとし、他方では日本的価値に回帰する――「彼女たちは、渡米前にも専業主婦になることを人生の選択肢として考えていたが、成功の機会があると信じてニューヨークへ渡った。しかし、現地で暮らすうちに、アメリカで広まっている日本人女性のステレオタイプを受け入れ、男性に経済的に依存する生き方を再び選択するようになる」(藤田 2008:154)。また、ロンドンの日系銀行を舞台とするジュンコ・サカイの研究にも、現地採用の日本女性たち、すなわち自らの意志で日本を離れ海外で就職した女性たちが登場する。彼女らは男性中心的な日本社会を「地獄」とみなし、より自由な暮らしへの「生まれ変わり」を夢見たはずが、日本人男性からは信頼のおけない労働力として、イギリス人からは弱々しい存在としてみなされてしまう。彼女らもやはり、「そこで生き抜くためには、自分がそのイメージに当てはまるふりをして、そのイメージのなかで、生きていく他ない」(Sakai 2000:234)。この意味でケルスキー、藤田、サカイの描く国際派の日本女性たちは、一九七〇年代の政治活動家たちや、一九八〇年代以降のキャリアウーマンたちと同様に、最終的には停滞する進歩を象徴しているに過ぎない(4)。

さらに最近では、ローラ・ミラーとジャン・バーズレー編集の『日本の悪い女たち(*Bad Girls of Japan*)』(Miller and Bardsley eds. 2005)が、「革新的日本女性」を主題に据えている。執筆者の多くが歴史学者あるいは文学者である本書にはエスノグラフィーの要素はきわめて少ないが、歴史的事物・人物から現代のポピュラー・カルチャーまで多彩な例を挙げながら、「悪い女たちが、無秩序と機能不全の代表として、確立された理想的な規範や礼儀の先を指示し、容易な定義に抵抗し、拘束には反抗する」様態を描こうとする(Miller and Bardsley 2005:2)。しかしながら、これらセンセイショナルなほどに「悪い」日本女性の描写が、ただちにステレオタイプを覆せるわけではないことには注意が必要だろう。編者らも言うように、ここで焦点化されているのは、女性たちの「悪い」行いの背後にある「良いとされていることとの境界、彼女らを相応の場所に囲い込むために設置された境界」(ibid.:7)、すなわち日本社会のジェンダー構造の側である。したがって、たしかに日本にも「悪い女たち」はいるが、彼女らはたいていの場合、少女期の、あるいはアーティストとしての、特権的な自由を謳歌するのみで、そうでなければ、再び規範の側に押し戻されるか、あるいは相応に罰せられ破滅していくか、である。いずれにせよ彼女らは少数派に過ぎず、本書は、彼女らの背後には大多数の「良い」日本女性がいることを逆説的に証拠立ててしまう[5]。この危険性は、「革新的日本女性」のエスノグラフィーすべてに通じるものだと言えるだろう。

3 束縛された自由――「伝統的日本女性」のエスノグラフィー

明らかに、日本女性の「ドメスティックな」領域からの脱出は、矛盾や限界に満ちたものであるとされている。それでは国内および家庭内に見出される「典型的な」日本女性のリアリティは、どれほどに逸脱的であり得るのだろうか。

ゲイシャ、ホステス、専業主婦

もっとも古典的な日本女性イメージを成す「ゲイシャ」を対象としたライザ・ドルビーは、一九七〇年代に彼女自身が京都で初の外国人芸妓として、文字どおりの「参与観察」を行った。ドルビーは言う、「ゲイシャのスタイルはたしかに女性的なものだが、日本女性らしさの基本とおもわれているところの弱々しさや従順さを備えてはいない」(Dalby 1983:174)。彼女の描くゲイシャは、芸事に専心し高い職業意識を持ち宴を巧みに操作する、自己充足的な、むしろ「例外的な」日本女性として描かれている。

しかしながら、同様に「夜の世界」に自らバー・ホステスとして参入したアン・アリソンの研究は、ドルビーの主張を覆す(6)。ゲイシャやホステスを中心に据えた日本のナイト・ライフが、実は、企業社会における男性アイデンティティの獲得・維持の場であることをアリソンは見逃さない——「象徴的にも儀式的にも、夜の世界に従事する女性たちは男性グループに仕え、彼らのあいだの絆を深める働きをする。その過程において女性たちは、構築物、型、象徴へと変えられていく」（Allison 1994:167）。したがって、一見華やかでかつ逸脱的にみえるエンターテイナーの女性たちは、実は良妻賢母の規範内にいるのであり、その意味でゲイシャにせよホステスにせよ、その担うシンボリックな意味は、企業戦士たちを支える従順な妻たちと変わらない、とされる。

他方、ドルビーとアリソンに共通してみられるのは、「日本の主婦」を古典的なイメージどおりに捉えがちな点である。ゲイシャやホステスと対照される彼女らは家庭的で隷属的な、まさに良妻賢母の権化として現れる。しかし、「日本の主婦」に関しては早くから、実にルース・ベネディクト（Benedict 1946=1972）の時点で、その「従順」というイメージが表面上の見せかけに過ぎないことが指摘されてきている。スザーン・ヴォーゲルによる「職業的主婦」（Vogel 1978）という呼称、タキエ・リブラによる「家庭内女権制」（Lebra 1984）の指摘など、その例は枚挙にいとまがない。また、一九七〇年代の東京郊外を舞台とするアン・イマムラのエスノグラフィーは、女性たちの活動的な生活を、趣味、母親間ネットワークから政治活動まで、描き出している。同時にイマムラは言う、「政治活動であれ、茶道であれ、主婦が従事する活動はいずれも、より良い主婦になるためのものに過ぎず、もし主婦役割とのあいだに軋轢が生じれば、直ちに棄却されるのは家庭外の活動のほうである」(Imamura 1987: 129)。ジョイ・ヘンドリーも、その長期に渡る日本でのフィールドワークから、日本の主婦の社会的地位の高さを強調し、彼女らが家庭における役割を最優先することに幸福を感じている、と論じる(Hendry 1993)。日本の私立幼稚園へ子どもを通わせた経験からアン・アリソンが描写するのもまた、持ち物やお弁当に関する園からの綿密な要請と、それに積極的に応えようとする母親たちの様子である(Allison 1996)。いずれの場合にも、女性たち自身の口からジェンダー役割への疑義が発されることはなく、むしろ彼女らは喜々としてそれを楽しんでいるようにみえる。

主婦たちの「越境」

しかし、ヘンドリーがさらに指摘するように、「こうした専業主婦業は、実のところ、平均以上の社会階層にのみ許された役割である」(Hendry 1993: 239-240)。グレンダ・ロバーツによる女性ブルーカラー労働者のエスノグラフィーは、階層という次元における日本の主婦の多様性に迫っている。工場労働に従事する多くの女性たちにとって仕事は、自己実現の手段であるよりも経済的に必要な労働であり、しかし同時に、家事との両立があるために全力を傾けることのできないものでもある。そうした葛藤のなかで、しかもきわめて保守的な価値観のもとに運営されている工場において、兼業主婦たちが「ライン上に留まりつづける」様子をみとりながら、ロバーツは、そこに女性労働者間の団結が発生しないことに注目する。「もし彼女らが団結して会社と対決するようなことがあれば、よりいっそう状況が難しくなってしまうことだろう。主婦や母親は仕事にそれほどの労力を割くべきではないとされているのであり、そんな行動に出たとしたら、彼女らはまた仕事を家に優先させている、と思われてしまうのだから」（Roberts 1994:139）。この描写は、スーザン・ファーが女性運動家の政治活動関与について、そしてアン・イマムラが専業主婦の余暇活動について述べたことと共通する。すなわち日本の主婦は、政治的・文化的・経済的活動に従事するときもやはり、家庭を優先し自己を犠牲にするという良妻賢母の枠内に留まっているのである。

このように排他的なまでに家庭性を付された日本の主婦たちを、グローバル化という文脈のなかで論じるのが山田礼子とサワ・クロタニである。まず山田の著書は、「駐在員夫人」のジェンダー観を量的・質的データを用いて検討する(7)（山田 2004）。一九九〇年代初頭にロサンゼルスで行われた主調査によれば、駐在員の妻として滞米する女性たちは、より伝統的で保守的なジェンダー観、すなわち、女性は夫と子どもに献身すべきだという、性別役割分業に肯定的な価値観を保持している。これを受けて山田は言う、「ビザ上の規制、［夫の］会社の隠れた指導、文化的、言語的問題から彼女たちの技能や能力を発揮する機会がほとんどない。そこで、自分の持つ全エネルギーを子どもに向ける。子どもの世話に専念することで、自己実現していると自分自身を納得させているのである」（ibid.:173、［　］内引用者註）。「専業主婦願望」や「母親神話」といった、駐在員家庭に代表される日本の中産階層の夢がここに現れている、と山田は結論する。

山田の調査から数年を経て、一九九六年から二〇〇〇年のあいだにアメリカの三都市でフィールドワークを行ったクロタニもまた、夫に随行して渡米した日本の主婦たちは、「日本的な家庭」という「内」をアメリカという「外」においてつくり出すことを期待されることに注目する(Kurotani 2005)。女性たちは、日本にいるときよりもさらに家庭内に閉じ込められることになるが、しかし同時に、クロタニの調査では、彼女らがアメリカでの生活をとおして、家族のなかに、そして自らのなかに変化を見出してもいく様子も強調される。クロタニはこれら「予測外の効果」を強調するいっぽうで、こう付け加えることも忘れない、「大多数の日本の妻たちは、こうした変化の瞬間を、部分的に認識し私に語ったが、たいていの場合、彼女らの意識は不完全で不明瞭で一時的なものだった。特に海外駐在が終わりに近づくと、彼女らはこうした変化の可能性に背を向け、注意を帰国問題のほうへ傾けるのだった」(ibid.:193)。主婦たちの変化や逸脱もまた、日本国内であれ海外であれ、限られたものに過ぎない、ということになる。

「抵抗」するOLたち

さらに、企業における「女房役」とされるOLは、興味深いほどに、主婦とパラレルに描写されている。日本研究においてOLは、日本の企業文化やジェンダー不平等を象徴する例として論じられてきた。たとえばジェームズ・マクレンドンは、商社でのフィールドワークから、補助的で反復的な「女性の仕事」の存在に注目し、若い女性にとって仕事は「結婚への通り道」でしかなく、年配の未婚女性にとっては「暗い細道」であるとし、「このパターンは、日本の会社ならほぼどこでも見受けられる」と言う（McLendon 1983:178）。さらにスミコ・イワオはここに若い女性の側の積極的な関与をみる。「女性たちは自らを短期的な、キャリアとは無縁の社員とみなし、男性と同等の責任を負う必要はないと考えているので、男女の分業を肯定していた（そして今もしている）ようである」（Iwao 1993:156）。

他方、こうした古典的なＯＬ論を刷新する視角も現れてきている。アンドリュー・ペインターはテレビ局でのフィールドワークから、同様に女性にとって不利な職場状況を観察するが、そのうえで、派遣女子社員たちが上司をからかい、職場を遊びの場に変え、既存の権力関係をパロディ化してしまう様子に注目する（Painter 1996）。こうした支配者と被支配者のあいだの転倒関係を主題に据えるのがユウコ・オガサワラによる東京の銀行におけるエスノグラフィーである。彼女の描く「オフィスの花たち」は、ゴシップやボイコットといった戦略をとおして職場の日常生活を実は支配していた。男性社員が女性社員に依存せざるを得ない日本の企業文化の深部に迫ることで、オガサワラは、そこに生じる「支配者に対して弱者の側がもつようになる奇妙な影響力」（Ogasawara 1998:158）の存在を描きだしている。

しかし、ペインターもオガサワラも、こうした従属的地位におかれた女性たちの「抵抗」に対して楽観的ではない。なぜなら、「テレビ業界の階統的構造は周到に張りめぐらされており、職場での遊びや融通に行き過ぎがないよう、常に見張っている」から（Painter 1996:54）、そしてさらには、「反抗的なOLたちは、皮肉なことに、伝統的なジェンダー関係を強化してしまう。男性にはむかうことで彼女らは、［女性は感情的で非合理的で重要な仕事を任せるわけにはいかない、という］伝統的なジェンダー役割を演じてしまっている」から（Ogasawara 1998:162、［　］内引用者註）。女性たちの日常的な抵抗は、したがって、組織内のジェンダー不平等を是正するような大きな変革には結びつかず、むしろ社会的カテゴリーとしての女性をより不利な位置に置くことになってしまう。したがって、以上のエスノグラフィーが描きだすOLたちは、主婦たちと同様に、囲いこまれたなかでの自由を享受しているに過ぎない。

4　誰が、どこから、どのように見るのか——エスノグラフィーの政治、再び

以上から明らかなように、日本女性のエスノグラフィーが描き出す「リアリティ」は、きわめてアンビヴァレントなものである。たしかに、古典的なイメージを体現するような「完璧な日本女性」はもはやどこにもいない（White 2002）。しかしその後に導かれる結論は、「革新的な日本女性」であってもその規範からの逸脱は不完全である、そして「伝統的な日本女性」は活動的・自律的なようでもやはり既存のジェンダー規範の抑圧のなかにいる、という悲観的なものであった。日本女性は今も「半歩下がって」（Condon 1985）男性のあとをついていくのだ、と。

これは明らかにジレンマである。研究者たちは古典的なステレオタイプに反駁するため、日本女性をより深く理解しようとしてフィールドに乗り出したはずだ。しかしそこで彼女らが出会ったのは、とりもなおさず「日本女性らしさ」を残存させた日本女性たちであり、その結果、彼女らのエスノグラフィーは、打破すべきであったイメージを追認してしまう。それはつまり、日本女性はあくまでも「日本女性らしい」ということなのだろうか？

言うまでもなく、このような結論は性急にすぎる。第一の問題は、日本女性研究においては未だに日本文化論の枠組みが根強いということにある。フィールドワークで得られたデータが、「和」「均一性」「縦社会」「集団主義」「甘え」などのクリシェを用いて理解されていることは少なくない。オリエンタリズムおよびジャパニズムの問題性については第一章で論じたが、その枠組みは日本女性研究においても色濃く、そしてその他者化の作用を考えるときいっそう危険だ。文化的差異を前提として進められる議論は、当然ながら文化的差異に行き着く。「日本女性は日本女性らしい、なぜなら彼女らは日本女性だから」と繰り返すことになる。

第二の問題もその延長線上にある。日本女性研究者の多数を占める西洋の、往々にして白人の、中上流階級の、女性研究者たちは、彼女ら自身のフェミニズム的関心をフィールドに持ち込む傾向がある。すなわち、日本社会におけるジェンダー不平等を問題とし、インフォーマントである女性たちをそのフェミニスト的意識の高さに沿って評価する。そして多くの場合、ここまででみてきたように、日本女性たちはまだまだ不徹底で煮え切らない、とされる。日本のジェンダー構造そのものを根本から変革しない限り、あるいはそうした意図を一貫して口にし続けないかぎり、日本女性は、奥ゆかしい日本女性のラベルを返上することができない仕組みになっている。

この点に関してマリコ・タマノイは、一九九〇年以前の人類学的日本女性研究をレヴューする論文において、同様の批判的見解を示している（Tamanoi 1990）。第一に、人類学者たちが都市部の中産階級の女性ばかりを「日本女性」として扱い、その結果、自律的な家庭内の権力者という新しいステレオタイプを創り出してしまい、その結果、彼女らの生活において生じる抑圧や軋轢を覆い隠してしまったということがある。第二に、女性を有職と無職にカテゴリー化し、後者だけを政治的問題に仕立てあげてしまったということ、そして第三には、「もっとも重要なことに、都市部中産階級の日本女性を対象とするほとんどの研究が、その描く女性たち自身の声を包摂していない。彼女らはたいてい代弁されてしまっている」（Tamanoi ibid.:21）。スーザン・ロングもまた、日本女性が西洋の学術界においてもっぱら「養育者」の役割のもとに、すなわち一九五〇年代には従順な妻として、一九七〇年代には完璧な主婦として、そして一九八〇年代には教育ママとしてばかり描かれてきたこと、さらに、「日本女性は十年ほど西洋から遅れているが、いずれ追いつくだろう、と結論づけられてしまう」（Long 1996:157）ことに批判を加えている。

事実、フェミニスト的権威は、上掲のエスノグラフィーのいくつかに濃い影をおとしている。たとえば「海外駐在員夫人」を対象とした山田礼子の研究では、「男女の平等性という点で、日本より先行しているアメリカ社会に暮らしている影響」（山田 2004:11）が負の効果、すなわち女性たちにより伝統的なジェンダー観を保持させるという効果を持つ点がたびたび問題となる。海外生活における孤独感や疎外感に加えて、「家族がばらばら」「女性が自己中心的」と、アメリカ社会への否定的な評価を口にする女性たちに対し、山田は厳しく言う、「大多数の人たちはアメリカ社会の本質を理解するまでには至らず、むしろ自分の価値システムにアメリカ社会の浅薄な部分、あるいは誤解した部分を内在化してしまうパターンが多い」(ibid.: 175)。アメリカのフェミニズム——日本より優れている、あるいは日本にはない、と暗に前提されている——の経緯や蓄積に無知な女性たちの声は、したがって、「本質」を理解する研究者によって棄却される。

いっぽうでライザ・ドルビーのゲイシャ研究は、先述のように、ゲイシャが普通の日本女性とは異なる自立した、「特別な」日本女性であることを強調していた。しかし、芸妓のひとりは彼女に反論する、「どうしてゲイシャの研究なんかするの？　ゲイシャも他の普通の女の人たちと同じなのに」。このことばを、ドルビーは次のように退ける、「そのまさに同じ夜、彼女はアクロバットな舞を披露し、お客さんの箸から食べ物をかじり、ばかみたいに酔っぱらった。どんな普通の日本女性がこんなことをすると言うのだろう?」(Dalby 1983: 141)。研究者が持ちこんだ「普通の」「特別な」という区別は、このように、インフォーマント自身から疑義が呈されてもなお、維持される。

さらに、国際的日本女性を対象としたカレン・ケルスキーも、実際の国際結婚経験者から、「私の結婚に人種の問題が関わっているなんて、どうしてあなたに言われなければならないの？　私がXを好きなのは彼がXだからであって、白人だからではありません」(Kelsky 2001: 146) と、反発を受けたエピソードを記している。自身とインフォーマントたちのあいだに横たわる明らかな齟齬に対し、ケルスキーは、彼女らを批判的に「たまたまガイジン論者」と呼ぶのみである。研究者からの一方的なラベリングを拒もうとする日本女性たちの声は、こうしてかき消される――研究者の学的主張のために。

日本社会のジェンダー不平等構造とその是正に最大の関心を払い、日本女性の不徹底な態度に失望する、そのフェミニスト的関心はいったい誰のものかを問わなければならない。女性たちが彼女らの身辺の日常的問題に対峙するとき、それがじゅうぶんに革命的でないと批判する、あるいはそれは従属であるとか抵抗であるとか断じる、その位置とは？　ここには、女性と女性のあいだの権力構造を確認することができるだろう。西洋、そして学問的権威を背景にした研究者たちが、被調査者にたいして不可避的に持つ優位を見逃してはならない。エスノグラフィーのなかの日本女性は、したがって、三重に――人種のうえで、ジェンダーのうえで、そして学術的権威によって――他者化されている。

5　アイデンティティの交渉――「撹乱する日本女性」のエスノグラフィー

ここで立ち戻るべきは、エスノグラフィーもまた、調査者と被調査者とのあいだの双方向的なダイナミクスの結果生まれるものだということである。エスノグラフィーは、ただ他者の生活や経験を記述するという単線的な行為ではなく、ひとつの視点からリアリティを構築する作業である。誰が、どこから、どのように、何のために、書くのか。この、エスノグラファーのポジショナリティの問題を再び鍵として、研究者の前提や期待が循環するだけのエスノグラフィーからの脱却を試みよう。

相互行為的エスノグラフィー

ひとつの興味深い事例として、ロバート・スミスとエラ・ウィスウェルによる『須恵村の女たち（*The Women of Suye Mura*）』（Smith and Wiswell 1982=1987）を挙げることができるだろう。当時ウィスウェルの夫であったジョン・エンブリーの記した『日本の村 - 須恵村（*Suye Mura*）』（Embree 1939=1978）が、外からの観察と通訳を介したインタヴューの結果であったのに対し、実際に村の女性たちと行動をともにしたウィスウェルが回顧する内容は大きく異なる。共著者であるスミスは、幼少期を日本で過ごしたこともあるウィスウェルが、近所の女性たちとインフォーマルに親密に関わったからこそ、須恵村の新たな一面、特に女性たちの旅行や煙草や飲酒やセックスといった隠れた楽しみが、見出されたのだと言う（Smith and Wiswell 1982=1987）。エンブリーとウィスウェルの、どちらの「須恵村」がより正しいというのではない。タキエ・リブラが言うように、「情報とは、情報を与える者と情報を受けとる者のあいだの相互行為の所産である」（Lebra 1984:25）ということが重要だ。こうした観点からするリブラのエスノグラフィーは、女性たちの日常生活のなかに生じる束縛と達成のいずれをも取りこぼさず、そこに生じる複雑性に焦点を当てたものとなる。

女性たちはたしかに役割を演じ、社会的構造のなかで定められた地位についている。しかしこうした社会的構造の枠組みを超えていく必要がある。女性たちが役割からの要請と自らの充足感を、つなげたり切り離したりする様子を見ていく必要がある。(Lebra 1984:3)

ここで明らかになるのは、第二章でも繰り返し述べたように、エスノグラファーとは、インサイダーとアウトサイダーの位置を自由に行き来する、あるいは客観性や中立性という要塞のなかに身を潜めた、透明な存在たり得ないということだ。彼ら彼女らもまた、フィールド内の社会関係に絡めとられており、その存在は権威的であるとともに脆さ(vulnerability)をともなう。日本女性研究も、例外ではない。たとえば、ゲイル・バーンスタインは、自身の一九七〇年代の農村でのフィールド経験を省みて言う、「私はすぐに苦々しく気づくことになった。参与観察者でいようなどという私の考えは、あまりにもナイーヴなものだった。私の研究対象者たちは私のことを観察していたのである。音もなく環境のなかに滑りこむどころではなく、どこへ行っても、私は人びとの注目の的だった」(Bernstein 1983:31)。その結果バーンスタインは、村民たちからは「先生」というアイデンティティを与えられ、また、ホストファミリーの母親であるハルコからは「教育の必要な娘」として扱われ、多くの女性たちと公私の場面を共有するなかで、彼女らに対して、複雑な、ややもすると矛盾に満ちた印象を抱くようになる。アメリカ人女性研究者の予期とは正反対に、彼女らにとっては「女性の解放」が経済的に不安定で身体的に過酷な農業からの解放、つまり、「ただの主婦」になることを意味していたのである。エスノグラファーが自らの脆く危うい位置を明らかにし、そこから生じる社会的過程に言及しはじめるとき、そこに表される「リアリティ」は、これまでとは別の様相を呈しはじめる。

表出されるアイデンティティ

この点においてもっとも重要なのが、ドリーン・コンドウによる東京下町の和菓子工場におけるエスノグラフィーである。自らも地域の住民として、工場のパートタイマーとして参与観察しようとするコンドウが経験するのは、彼女自身の、日系アメリカ人としての、女性としての、人類学者としてのアイデンティティの危機である。近所の住民や工場の同僚がコンドウを扱う方法は、往々にして彼女自身の自己定義と齟齬する。そしてコンドウは気づく、「アイデンティティは固定された『もの』ではない、交渉され、開かれた、流動的であいまいな、文化的に用意された意味の結果なのであり、そうした意味が日常的状況において制約なく、しかし権力関係のなかで表出されたものなのである」(Kondo 1990:24)、と。こうした視角から、コンドウは工場におけるジェンダーの「表出(enactment)」に鋭い分析を加える。まず職人男性たちのアイデンティティは、コンドウを含むパートタイマーの女性たちの犠牲のうえに成り立っていると同時に、女性たちのからかいや陰口によって脅かされてもいる。そのいっぽうで女性たちは、前出のエスノグラフィーのなかの「日本女性らしい日本女性たち」と同様に、職場での差別や不利な状況に正面から挑戦しようとはせず、むしろ求められる女性像を演じる。これに対してコンドウは言う、

こうした状況に「抵抗」とか「従属」とかいうことばは当てはまらない。なぜなら明白な抵抗はつねに結託や妥協の危機にさらされているものだし、従属が意図せざる撹乱の効果をもつこともあるからである。女性たちは従来どおりのジェンダー・アイデンティティを敢えて演じることによってのみ、構造上の周縁から中心へと自らを移すことができるのである。(Kondo 1990:299)

コンドウは、これら女性たちが文化的なジェンダー規範から自由でないことを忘れてはいない。しかし同時に、彼女らがその立たされたパートタイマーという、そして既婚の中年女性という位置から行為し、そのアイデンティティを表出するなかで、その交渉過程が、既存の構造に撹乱をもたらす可能性もあることを指摘する。これはすなわち、ジュディス・バトラーのいう「セックスやジェンダーが構築物であるからこそ存在する可能性」(Butler 1990=1999:71)である。反発が再生産につながるいっぽうで、従属が撹乱を喚ぶこともある、こうした多義的な〈日本女性〉の表出をこそ、注視しなければならない。

同様の視座は、ロビン・ルブランにも援用されている。日本の主婦の政治活動を観察するなかで

彼女は、第一に、そこに現れる矛盾や非一貫性に注意を払おうとする、「人びとは自己矛盾する。その背景を見ることこそが研究者にとっての最重要課題だ」、と（LeBlanc 1999：22）。実際、女性たちは旧来の主婦役割を超えた活動をするいっぽうで「普通の主婦」というアイデンティティに固執する。前出のエスノグラフィーにおいては、こうした自己呈示は良妻賢母への回帰として分析されていたが、ルブランはその背後にある戦略性を見逃さない。

ここで私たちは多くの日本女性が自らの公的活動を主婦役割の延長として捉えている、その拘束的な側面には気づかずに、などと想定すべきではない。……主婦アイデンティティについて問うべきなのは、そのマイナス面を客観的に見据えている女性たちがなぜそれを使い続けるのか、という点である。その答えは、「主婦」が使い勝手のよいラベルだという事実のなかにある。女性たちは家庭の外に出るとき、自らのコミットメントや専門性、彼女らが人間らしい生活のために貢献する可能性を端的に示してくれる「主婦」を利用する。（LeBlanc 1999：32）

女性たちは社会から与えられた位置を離れるのではなく、それが賞揚されていることを逆手にとり、戦略的に用いることで、その意味を内部から攪乱していくのである。

最後に、一九七〇年代から一九九〇年代まで、都市と地方で、様ざまな職業の女性を対象としてフィールドワークを行ってきたナンシー・ローゼンバーガーの仕事をとりあげよう。その前提は、

「人びとは、自らを形成しようとする力と常に交渉関係にある」というものである（Rosenberger 2001:4）。女性たちと公私の場面を共有するなかで、ローゼンバーガーは彼女らの行為や発話の操作性に着目する。

ステージの表と裏で彼女らのパーソナリティは異なることがある。両者はせめぎあい、補いあい、撹乱しあい、重なりあっている。女性たちは定められたジェンダー・パフォーマンスを習得しているので、ステージ上の演技に自己を投じ、同時にそれを自己の一部にしていく。しかし同時に、彼女らは意識的な演技者でもあるから、自分の演技が他者とどのような関係にあるのか、そして自分は重層的なステージのどこに位置しているのかを、いつも見定めている。（Rosenberger 2001:60）

このようにして捉え返される日本女性のリアリティは、折り重なる複数のダイナミクス——調査者と被調査者とのあいだの非対称な関係も含めて——をともなって立ち現れる。それはステレオタイプ的イメージを完全に覆すものではないが、だからといって、そこに回収しきれるものでもない。こうした細やかな視点からするエスノグラフィーは、単純で性急な結論に陥らず、その複雑性・多元性ゆえによりいっそう「リアルな」日本女性像を提供する。

6　生きられるイメージ

ここまで、既に相当の蓄積のある日本女性研究のうち、エスノグラフィーの手法をとるものを中心にみてきた。まず明らかとなったのは、「イメージからリアリティへ」の移行を目指すエスノグラフィーのジレンマであった。研究者たちは古典的なステレオタイプを否定するためにそれぞれのフィールドへ赴くが、往々にして、女性たちの経験や生活を自らの学問的・政治的関心のもとにおいてのみ解釈し、その結果単純化し、静態的な記述に行き着く――そうした一面的な日本女性像からの離脱をこそ試みたにも関わらず。しかしエスノグラフィーは、オリエンタリズムやセクシズムや学術的権威という権力作用の外からなされるわけではない。誰が、どこから、どのように書くのか、という調査者の占める位置の問題があった。錯綜する人間関係、そこに不可避的に生じる序列とその交渉過程を、自らの位置を可視化しながら、葛藤と軋轢のただなかから書こうとするエスノグラフィーに新たな方向性を探ることができた。

ここで確認すべきはふたつのことである。まず、コンドウやルブラン、ローゼンバーガーのように、フィールド内の社会関係のただなかからするエスノグラフィーは、日本女性たちが自ら語ることば、彼女ら自身による解釈や価値づけに、その戦略や操作性、矛盾や非一貫性も含めて、最大の注意を払っていた。そうして再構成されるリアリティは、研究者の前提や期待をただ反復するのではなく、女性たちの交渉し撹乱するエイジェンシーをも示唆するものであった。

次に、イメージとリアリティの二項対立の図を再考することができる。リアリティを描くことでイメージを否定しようとしたエスノグラフィーは、二者があたかも分断可能なふたつの実体であるかのように想定していた。しかし、いくつかのエスノグラフィーがすでに明らかにしたように、社会的役割や規範、期待を含む〈日本女性〉というイメージは、個別の日本女性たちの生活、経験、アイデンティティ、すなわちリアリティのなかで、生きられている。したがって〈日本女性〉をまったくの虚構として退けることはできない、なぜならそれは、リアリティの重要な一部を成しているから。しかし同時に、イメージにせよリアリティにせよ、それらは絶対的な完成体ではなく、相互行為のなかでそのつど達成されている。〈日本女性〉がいかに経験され表出され、そしてそのなかで保持されあるいは撹乱されていくのか、それを具さにみとる視座が必要である。そこで再構成される日本女性の「リアリティ」は、それ自体が日本女性研究の枠組みを内側から撹乱する、新たな表象の政治の試みとなるはずだ。

7　調査の概要

本書の目指すところはこれで明らかになっただろう。第一章では理論的背景を、第二章では方法論的背景を述べ、そして本章では先行研究レヴューとして日本女性研究の蓄積を批判的に検討してきた。〈日本女性〉と日本女性たちの相克を、そのアンビヴァレントな関係を、フェミニスト・エスノグラフィーの方法——その不可能性を踏まえたうえでの——によって描こうとしている。

次章以降で参照するデータは、一九九九年から二〇〇八年のあいだに、私が東京とハワイで行ったインタヴュー調査からのものである。東京の三十二名、ハワイの三十二名は、それぞれ「国際的な日本女性」といういあいまいなカテゴリーにおいて捉えられた人たちである。東京の協力者たちは海外在住あるいは国際的活動（学校や職場を通じての、あるいはボランティアや英会話スクールでの）の経験があり、また、ハワイの協力者はその時点で異文化において生活している、ということになる。彼女らと私は、友人や知人および別のインタヴュー協力者からの紹介を経て知りあったが、それはつまり、彼女らが私の設定した「国際的な日本女性」というカテゴリーに当てはまると、自他からみなされていたということを意味する。〈日本女性〉というオリエンタリズムを背景とする政治的表象のあり方を考えて「海外」「外国」は狭く英語圏に限定したが[8]、紹介を依頼したときに、韓国や中国、台湾、タイといった場所に住んでいた人でもよいか、という質問はあっても、アメリカやイギリスでの経験をして「国際的な」と呼ぶことに躊躇する人はいなかった。紹介者がどのような要素を一義的に「国際的な」とみなすのか、そして紹介された人たち自身が何をもって自らを「国際的な日本女性」とみなしたりみなさなかったりするのか、それ自体が、ひとつの興味深い事象をなしている。この点については次章以降の分析で詳述する。

そうして私が知りあった六十四名の「国際的な日本女性」たちは、当然ながら、きわめて多様な集合体となった。年齢は二十歳代と三十歳代を中心に二十二歳から五十九歳の幅で、出身地は主に東京、大阪、京都、名古屋といった大都市圏を中心としている。学歴は専門学校卒、短期大学卒も数名ずつ含むものの、四年制大学卒および大学院卒が大多数をなす。東京の協力者は、大学院生、会社員（外資系企業を含む）、団体職員、英語講師、秘書、通訳・翻訳家、主婦といった職業に就いており、ハワイの協力者は学生（専門学校、コミュニティ・カレッジ、大学、大学院）が大半を占めたが、加えて旅行会社勤務、看護師、アーティスト、会社経営者、主婦も含まれている。また、東京の協力者の海外在住経験としては、父親あるいは夫の海外赴任への同行（アメリカ、イギリス、オランダおよびシンガポール）、長短期の留学や就労（アメリカ、カナダ、イギリス、オーストラリア、ニュージーランド）にともなうものがあり、国際的活動としては異文化交流ボランティアや英会話レッスン、通訳ガイドなどのアルバイトがある。ハワイの協力者のなかには、ハワイ以外にアメリカ本土やカナダ、ヨーロッパ、ニュージーランドでの在住経験を持つ人もいる。データを引用する際には、それぞれのインフォーマントの年齢と職業、海外在住年数とその他の国際的経験（いずれもインタヴュー当時）を記している。また、インタヴュー協力者のプライヴァシー保護のため、個人の特定につながる情報には変更を加え固有名詞は「＊＊」で伏せるとともに、プロファイルの一覧も本書では割愛している。

これら六十四名の女性たちをして、日本女性の代表であるとか典型であるとか言うことは、決してできない。彼女らが海外生活や異文化経験をしているという事実だけをとっても、私は「例外的な」日本女性について述べているということになるだろう。しかし同時に、彼女らのすべてが、少なくとも私の前では、日本女性として語ることに抵抗を示さなかったことも事実である。国籍やエスニシティの面で、あるいはジェンダーやセクシュアリティの面で、自分を「日本人」「女性」「日本女性」として捉えることに問題がなく、また、他者からもそうみなされている人たちだけを私はここで対象にしている。それはつまり、この六十四名の日本女性たちが、この社会においてひとつの制度的な位置についているということ、外から課されるナショナリティやジェンダーの定義と本人の意識とのあいだに大きな隔たりがない、ということだ。ここに現れる日本女性たちは、「例外的」にみえながらなお決して「周縁的」ではない。六十四名の多様性は、社会全体の多様性を反映したものではないということを付記しておこう。

インタヴューはそれぞれインフォーマルな雰囲気のなかで、日常的な会話状況のもとに行った。私が用意したオープニング・センテンスについては第二章で既に触れたが、半構造化インタヴューのスタイルをとり、海外生活や異文化経験のきっかけ、実際に経験したこと、そして自分が日本女性であることをどのように捉えているか、といったいくつかの質問を共通に投げかけた以外は、会話のなりゆきを協力者に委ねることとなった。そのとき私は、しかしながら、レコーダーと同じく機械的な記録者であったわけではない。データを書き起こすなかで私は何度も、自分が熱心すぎる相づちをうっていたり、あるいはショックや混乱のために言葉を失っていたりする様子に気づかざるを得なかったし、また、「北村さんはどうですか?」と尋ねられて、聴き手の位置から突然に語り手の位置に立たされ当惑する場面にも繰り返し遭遇した――そして私が、時に彼女らに負けないぐらい長い時間を費やして自分のことを語っている場面にも。そうしたやりとりや沈黙や戸惑いのただなかから生じたのが、私たちが次章以降で目にする女性たちのことばであり、それを冷たく「データ」と呼ぶことは、実は、とてもそぐわないことのようにもおもえる。

したがって本書がとるのは質的調査の方法論であり、限定的なサンプルからどのような一般化も行おうとはしない。焦点は、インタヴューにおいて、私とのあいだに生じた、局所的で一時的な語りであり、そこに含まれる多様性や複雑性、矛盾やアイロニーである。

再び問おう、日本女性はどこにいるのか。オペラや映画や小説がロマンティックにエキゾティックに構築したのと同様に、学術界においても、〈日本女性〉は複数の力学から創りだされる幻影でしかなかった。そのことを確認した私たちは、しかしだからといって日本女性はどこにもいないと言って済ますこともまだできない。〈日本女性〉とまったくかけ離れた場所ではないけれど、そこから少しずれた場所に、私たちは少なくとも六十五名の日本女性――六十四名の協力者たちとそして私自身――を、その現れては消える刹那を、確かめることができるだろう。

註

(1) ここでは詳しくとりあげないが、メディアやエンターテイメントを対象とした日本女性研究の蓄積も重要である。Skov and Moeran eds. 1995; Martinez ed. 1998; Robertson 1998=2000; Craig

ed. 2000; Yano 2002 などを参照。また、日本男性のジェンダーを主題化したものとして、Roberson and Suzuki eds. 2003 にも注意を向けられたい。

（2）これに対して、海外から日本へ帰国した家族を対象としたメリー・ホワイトの研究は、母親の経験が、彼女らの海外生活での積極性や日本での生活ぶり、キャリア志向や家族関係などによって異なる、と多様性を指摘する。が、そのいっぽうで、最終的な社会的価値は、彼女らが夫の仕事と子どもの教育をどれだけ支えられるかによって判断されるとされる。したがって日本に戻るやいなや彼女らは「他の家族たちと同様に、自分の役割を再び演じようとする――超日本人になることによって」（White 1988: 111）。

（3）この著書は日本語で出版されたものだが、ロンドン大学に提出された博士論文を下敷きとした、よって最初は英語圏で発表されたものであるため、ここでの分析対象に含める。

（4）さらに、「準英語圏」として一九九〇年代以降に日本女性の移住先として耳目を集めているシンガポールおよび香港については、それぞれエヤル・ベン-アリとヤン・イン・フォン・ヴァネッサの、および酒井千絵の研究がある。シンガポール在住の独身女性たちは、現地コミュニティにおいても、そして職場をはじめとする現地の日本人コミュニティにおいても「独身」であり「女性」であるという理由から疎外され、「二重に周縁化されている」と言われる（Ben-Ari and Yong 2000）。いっぽう、香港に移る女性については、彼女らもまた完全なる解放を味わうわけではないが、自らの「日本人性」あるいは「日本女性性」に新たな意味が見出されてもいる、と言われる（酒井 2003, 2007）。

（5）唯一例外的に、ノブエ・スズキが日本におけるフィリピン人女性のエスノグラフィーを行っており、女性たち自身のことばに基づく「リアリティ」の再構築を行っている。特に、女性たちが劣位の状況から戦略を駆使し、既存のジェンダーとナショナリティの序列を撹乱する様態は重要である。「様ざまな隷属化によって主体化される一方で、フィリピーナたちは新しい意味を生み出し、生活のなかの愛情面そして物質面にかかわる諸関係を再編成している」（Suzuki 2005:160）ということの主張は、本章の第五節と関連している。

（6）上野千鶴子もまた、ドルビーの論に対して次のように批判を加える、「ドルビーは限られた社会的ニッチのなかでの当事者による自己正当化をあまりにナイーヴに追認することで、性の商品化そのものを免罪するが、その正当化の過程で芸妓と主婦とは擬似的に対立させられる。そして女性のセクシュアリティを快楽と生殖に分断した当の家父長制の支配構造そのものは不問に付されるのである」（上野 1996:227）。加えて、後でも述べるように、上野の指摘する「当事者による自己正当化」は、実のところ、ドルビー自身のものでしかなく、他の芸妓たち自身のリアリティを必ずしも反映していないということには注意が必要である。

（7）この著書も、カリフォルニア大学の博士論文として最初に発表されたものであるため、日本語で出版されたものだがここでの分析対象に含める。

（8）「アジア」や「東洋」の内部——この境界もあいまいなものに過ぎないが——を対象とする調査研究には別の問題系も入り組むことになる。新たな課題として取り組まなければならない。

第四章　〈日本女性〉のライフ・ストーリー

生きられる経験、語られる経験

どのように人びとは自分の関心を明確にすることばを選びとるのだろう。どこからことばがやってくるのだろう。

Ken Plummer, *Telling Sexual Stories : Power, Change and Social Worlds*

1　「日本から西洋へ」？

日本の女性たちが国境を越えるとき、それはただ物理的な移動であるだけでなく、文化的なジェンダー役割をも踏み超える行為だと、往々にして考えられる。海外に旅行したり移住したり、あるいは外国人男性と関係を持ったりすることで、能力も野望もある日本女性たちが、良妻賢母イデオロギーからの自由を味わうことになる、と。このとき、「海外」とか「外国」は主として「西洋」を指していることに注意が必要だ。英語とか摩天楼とか、あるいは青い目とか金髪とかに象徴されるそこでは、女性たちが新たな価値に出会うことになっている。国際的な日本女性をめぐる言説のなかには、この、封建的で遅れた日本から平等で進歩的な西洋へという、「抑圧から解放へ」のモデルが根強い。

しかしすでに第一章および第三章で述べたように、この表象には、オリエンタリズムとセクシズムの問題がある。それは第一には、日本女性たちをかわいそうな、はかない、ゆえに西洋の庇護と啓蒙のもとに置かれなければならない者たちとして客体化するし、第二には、「自由」や「平等」ということばが実は当てはまらない西洋社会の現実を覆い隠そうとする。国境を越えた日本女性たちが直面するのはむしろ、日本社会にあるのと類似の性差別構造であり、そしてさらには彼女らに対していっそう不利に働く人種差別の構造、すなわち二重の他者化作用であるということを忘れてはならない。

こうした事実を直視することなく西洋崇拝のもとに生きる「国際派（internationalist）」の日本女性たちに対しては、カレン・ケルスキーが厳しい判断を下していた（Kelsky 2001）。彼女らは、「慣例にしたがって、苛立ちや憤慨を口にすることから始め、西洋の近代性、そして時に西洋の男性に対して、広範なイデオロギー的忠誠を誓い、そして日本の『封建制』を徹底的に批判する」が（ibid.:8）、そうすることで、フェミニズム運動の可能性を潜在させながらも袋小路に陥ってしまっている、と。したがって、ケルスキーによれば、日本女性たちの越境は、ひとつの抑圧からもうひとつの抑圧への移動だということになる。

だが、繰り返し述べてきたように、こうした学術的まなざしにもまた、私たちは疑義を呈することができる。ケルスキーの研究については、マリ・ヨシハラが鋭く言うように、「ケルスキーは女性たちを、彼女ら自身の関心ではなく、自身のフェミニストの基準から評価しているのではないか」(Yoshihara 2003:137) と問うべきだろう。そうでなければ、「蝶々さん」たちはいずれにしても救われない犠牲者たちだということになってしまい、同時に、彼女らを標本にしようとピンを刺すその手のことを不問に付すことになってしまうから。そもそも、「抑圧」とか「解放」とかいうことばは、日本女性たち自身によって選ばれたものなのだろうか。

私たちはすでに、女の経験を単一で均質のものとして前提することなどできないと知っている。ならば、日本女性の経験もまた、「抑圧から解放へ」あるいは「抑圧から抑圧へ」などという直線のうえにきれいに並べられるものではないはずだ。「抑圧」や「解放」という単純な枠組みは、生きられる経験の多様性や複雑性を削ぎ落とし、しかもそこに一方的な意味や価値――オリエンタリズムの、セクシズムの、さらにはフェミニズムの――を読みこんでしまいかねない。そこに汲まれない女性たちのリアリティにアプローチしていくためには、新たな枠組みが必要となる。

本章の目的は、それぞれの女性たちのライフ・ストーリーを、そこに含まれる生きられた経験のひとつひとつを、権力や構造に還元してしまわず、複合的で多義的な過程として捉え直すことだ。

そのために私たちはここで、「抑圧」を含む一連の問題状況を〈葛藤〉と、そしてそれに対峙する彼女らの行為や発話を〈交渉〉を呼びなおそう。交渉（negotiation）とは、対等な二者のあいだで冷徹に行われるやりとりだけを指さない。フェイ・ギンズバーグとアナ・ツィングが『不確かなことば（*Uncertain Terms*）』の序文で定義する「ジェンダー交渉」を参照しよう。

> ひとつには、「取引を交渉する（negotiate a deal）」というときのように、人びとが特定の、多くの場合対立する利害関係のなかでジェンダーのことばや社会的関係について考え、再定義する様子を示す。もうひとつには、「急流を乗り越える（negotiate a river）」というときのように、女性たち男性たちがその生きる制度や考えのなかでもがきながら進んでいく様子を示している。
> （Ginsburg and Tsing 1990:2）

このように〈交渉〉とは、権力関係のただなかで行われる、やっかいでしんどい、すべての作業を示しており、そこには、するりと解放されてしまうような、あるいはただ抑圧されているだけの、受動的な行為者は想定されない。クレア・マリィもまた、「ネゴシエーション《切りぬける・交渉・談判・掛け合い》」という表現を用い、社会的カテゴリーに完全には固定化されない、「流動する発話者」という視点を提示する（マリィ2007）。と同時に彼女は、「発話者の流動性は、既に常にネゴシエーション（切りぬけ・交渉・談判・掛け合い）という、言語という規定された体系における選ぶ・選ばれる関係性をもって実施されていること」(ibid.:179) にも注意を喚起する。私たちがこれからみようとするのも、そうした、権力の網の目のなかからなされる、ぎりぎりの、かすかなわずかな、せめぎあいの過程に他ならない。

そうしたこみいったプロセスを指すことばだから、〈交渉〉の効果は一定ではない。考え、再定義し、もがき進むこと、切り抜けたり掛け合ったりすることは、第一には意図的な行為ではないかもしれないし、第二には今ある秩序を壊したり変えたりするほどの衝撃を持たないかもしれない。だから、「抵抗」とか「変革」とかいうことばとは互換的ではない。けれど、そこに微細な動揺をもたらすことがある。その効果は「解放」とは言えないかもしれないけれど、様ざまな「撹乱」を喚ぶもので、そこに私たちは女性たちのエイジェンシーをみることができるだろう。日本女性たちが、今ここにある〈葛藤〉をどうにか切り抜けようとする実践的な試み、すなわち〈交渉〉のストーリーを聴こう。

2 何から逃れるのか——「抑圧」ではなく

英語圏の日本女性研究は、第三章で検討したように、日本女性の就労状況を肯定的に描くことはほとんどない。女性たちの「進歩」や「抵抗」は、まず稀少でありそして不可能であると、したがって彼女らは良妻賢母イデオロギーの軛から逃れられずにいる、と結論されることが多い。しかし実際の女性たちの語りに耳を傾けるとき、彼女らの経験を、このように数行で要約することは不可能となる。ここでは特に、日本で社会人として生活したことのあるインフォーマントたち（学生は除くが、専業主婦は含む）に焦点を当て、彼女ら自身のことばから、日本社会・文化内部のジェンダー関係を捉え直していこう。

「幸運な」女性、「不幸な」女性

「虐げられた日本女性」像を裏切る存在として、まずもっとも端的には、専門職に就く女性たちがいる。看護師、教員、語学講師、翻訳・通訳者、アーティスト、経営者といった職を有するインフォーマントたちは、ジェンダーよりも能力や経験が重んじられたという体験を語る。また、ファッション業界や旅行業界での仕事に従事したインフォーマントに加えて、公務員や団体職員を経験したインフォーマントも、「女性に優しい職場」という表現を口にする。さらには、海外経験や高学歴のおかげでジェンダー不平等から免除された、と語るインフォーマントもいる。

> 私のことはやっぱり、アメリカで大学出たっていうので、やっぱ違う目でみるんですよ、絶対。まず学歴があるっていう。ＭＡ［修士号］持ってる人なんてこないし、まず、しかもアメリカだから、なんかちょっと違う人種みたいな感じで、すごい気もつかうし、なんか変な扱いはできないっていうのがあったとおもう。
>
> （三二歳、大学院生、アメリカ本土在住四年・ハワイ在住一年）

一般的には「女性に優しくない」とされる日本社会にあって、女性であることが不利に働かないという経験を、インフォーマントたちは「幸いなことに」「ラッキーだった」と形容する。そこで比較対象として想定されているのは、一般企業の女性職員の状況だ。たとえば次の、公立の学校に務めた女性、そして海外メディアの翻訳部を経て教員になった女性は、類似の対比をみせる。

ＯＬとの違いはありますよね、責任が違う。あと、一般の企業とも違うと思うんですよ。授業を持ったら、その責任はぜんぶ自分なんですよ。ＯＬだと、ペアになった男性社員の方に責任がかかる、とかさ。だから、すごく対等。クラスの運営とかも自分でやっていかないといけないから、教員三年目から。

（三〇歳、大学院生、国際結婚・イギリス在住一・五年・ハワイ在住二年）

なんかね、女だから特別にやらなきゃだめっていうのはなかった、たとえばお茶だしとか。部長もすごく、やっぱり英語関係っていうのもあるんじゃないかな、外国の人と接してる人が多いから、古い体質のところがなかったし。女だから仕事がまわってこないってこともなかった。できる人には取材も記事もまわっていくっていう。…たとえば今、公務員だと育児休暇が三年までとれるようになったの。でもそれを企業でやったら、三年も休んでたら、きっと帰れないよね、新しい人も入ってくるし。学校は別に、転勤が普通だから、仕事としては変わらないじゃない。そういうプレッシャー感じないとおもうんだけど。

（三二歳、大学院生、帰国子女・アメリカ本土在住一年・ハワイ在住一年）

しかしいっぽうには、教員および外資系企業でのアシスタントとしての経験を次のように振り返る女性たちもいる。

女は職員会議で意見を言っちゃだめです、そんなのは時間の無駄だから。偉そうな意見を言うときとか、自分が言いたいことが何かあるときは、何か根回しから。でも日本の社会ではそうじゃないと、無駄なエネルギーを使うことになる。

（三六歳、大学院生、英米短期留学・ハワイ在住一年）

いい経験をいっぱいさせてもらいました。上司がイギリス人だったり、いろんな外国人の人がいっぱいいたから、いろんな文化の勉強にもなったし。あと、香港とかも行かせてもらえたから。あ、でも、私は関西支局だったんで、そこは小さくて、私は別に、なんていうのかな、担当の人になんとも思わずコーヒー入れたりとか、あとその人が二日酔いのときは「＊＊ちゃん、ユンケル買ってきて」って言われて買いに行ったりしましたけど。その人は日本人。

（三九歳、大学生、アメリカ本土在住半年・ハワイ在住五年）

たとえば学校や外資系企業という、能力重視にみえる、ジェンダー平等が整っているはずの職場であってもなお、女性たちがまったく自由に振舞えると言い切るわけにはいかない。インフォーマントたちの言う「能力主義」や「女性に優しい」は、あくまでも、「一般企業のＯＬ」と比べれば相対的に、という意味に捉えておこう。女性たちが、自らのジェンダーに突如として課される意味

――「偉そうな意見を言ってはならない」「雑用を任せてもいい」――との格闘を余儀なくされる可能性は消えるわけではない。

実際のところ、日本男性とのあいだに起きる軋轢は、女性たちがもっともひんぱんに言及する話題のひとつである。金融やメーカーといった「保守的な」業界で営業やコンサルタントといった職に就いたインフォーマントたちは、軽視されたり無視されたりして、女性であることがキャリア上の支障とならざるを得なかった経験を回顧する。さらに、自らの過去を「典型的なOL生活」と呼ぶインフォーマントたちは、電話応対、データ入力、ファイリング、資料作成、そして掃除やお茶汲みといった彼女らに任される単調で補佐的な毎日の仕事内容に加えて、直接的間接的なセクシュアル・ハラスメントもあったと振り返る。そしてそうした扱いに対して彼女らが声をあげて戦うことは構造的に難しくされていた、とも言う。

すごくconsevative［保守的］で。最初女性だけ制服があったり、お茶汲み、灰皿洗い、食器洗いとか当然女性で、それも若い人。いやだったのは、漠然と、まとめて「女の子」って呼ばれるのね。年齢関係なく。「うちの女の子にコピーとりに行かせるから」とか。そういうのは後で気がついたことだけど、ああ、男性の支配下にあるなって感じ。

（三五歳、大学生、アメリカ本土在住一年・ハワイ在住一年）

すごいよ、なかはどろどろ。やっぱり男性が偉いっていう、早く言ってしまえば。男性で学歴の高い人が偉い。だから、あと、セクハラとかもやっぱりあったし。地位を利用して触ってきたりとか、よくあったよ。そういうときはもう同期のところに駆け込んでがーって愚痴を言って。

（三六歳、専門学校生、ハワイ在住二・五年）

体質が古くて、その委員会っていうのがだいたい大学の学者さんたちか企業の偉い人で、時間がある方が理事とか委員になって活動していたので、年齢も上で、自分たちが立場も上だからっていうので、けっこう私たちを好きに使ってもいいし、しかも仕事以外でも声かけたりしてもいいって、勘違いしてる人が、全員じゃないけどたまにいて。

（三〇歳、大学院生、アメリカ本土在住半年・ハワイ在住一年）

こうした状況のなかで女性たちに促されるのは、キャリア向上よりも結婚や出産であり、それにともなう退社である。「肩たたきとかもあった」「寿退社がいちばんって思われてる」と言われるように、結婚・出産プレッシャーもまた、女性たちが強調することがらのひとつとしてある。

と同時に、職場での他の女性たちとの関係において、年齢や組織内の地位の違いによる不和を経験したというインフォーマントもいる。

どっちかっていうと、男性社員の目より女性社員の目の方がけっこう。先輩たちの手前やらないといけないっていう。特に日本の会社って人間関係が大事、しかも同性の人間関係がややこしい分、それさえよくしとけばうまくいくみたいなところがあるので。…みんながやらなければ私もやらなくていいのに。ひとりそういう人がいると、あの子はあんなにできるのに、なぜ彼女はしないのかって言われるので。

（三三歳、大学院生、外資系企業勤務・オーストラリア在住一・五年・ハワイ在住三年）

でも、お茶汲んでましたよ、私。上の女の人が要求するんですよ。総合職だからってやらないのはおかしいわ、みたいな。私はその支店では二人目の総合職で、その一人はすぐに転勤しちゃって。だから、向こうもどうしていいかわかんないし、こっちもわかんない。意地悪する人もいるし、「こんなこともわからないの、総合職なのに」とか言われて。けっこう、日々、毎日何かに傷ついてましたよ。

（三〇歳、大学院生、アメリカ本土在住半年・ハワイ在住一年）

こうしてみてくると、私がインタヴューした日本女性たちの経験は、これまでに言われてきたことと、大差ないようにもおもえる。特殊能力や海外経験、高学歴といった文化資本によってジェンダー不平等を回避できる「幸運な」女性もたしかにいるが、彼女らは例外に過ぎず、他の多くの「普通の」女性たちは旧態依然とした不平等構造のなかに囲いこまれているかのようだ。彼女らは「女の仕事」を任され、セクハラに耐え、結婚・出産に駆り立てられ、足を引っ張りあう「不幸な」

女性たちである、すなわち、日本女性は〈日本女性〉から逃れられない、と。

ジェンダー交渉

しかし女性たちの置かれたこうした状況を、静態的に「抑圧」「服従」と考えるのではなく、〈葛藤〉として捉えるとき、私たちはそれを日常的に生きる女性たちの〈交渉〉に目を向けることになる。なによりもまず私たちは、「不幸な」とされているところの「典型的なＯＬ」たちが、怒りや苛立ちを表しながらも同時に、前向きに肯定的に自らの経験を語る様子に注目できる。先に引用した、「地位が高いのを利用して触ってくる男性もいた」と言う女性をはじめ、ＯＬ生活を実は明るいトーンで語るインフォーマントがいる。

あんまり言えないんだよね。アメリカの人って、そういうことがあったらすぐsueしたり［訴訟を起こしたり］とか、はっきり言うでしょ。でも、会社の組織のなかにいると怒ったり怒ってものを言ったりとかできない空気があった。で、そのフラストレーションを、夜飲みに行って発散する。…すごい楽しかった、同期がいっぱいいたから。遊びに行ったり旅行に行ったり。だから、会社では多少抑圧があっても、やっぱり同期がたくさんいたし、そういう意味では楽しかったね。なんか、外に楽しみがいっぱいあった。

（三六歳、専門学校生、ハワイ在住二・五年）

ＯＬでいるとすごい居心地いいんですよ。五時に終わって、「さよなら」で、帰ってデートしたり買物したりして、お給料なんて少なくていいんですよ、私は。月二〇万でいいんですよ。そっからボーナスがあったり、残業代があったり。自分のお金がそれだけあるって、私大好き。一人暮らしでＯＬって、もう最高ですよ。友だちを家に呼んだりとか、自分のお金が定期的にあるから、経済的に安定はしてるんですよ、多くはないけど普通に生活できる。

（二八歳、大学院生、ハワイ在住一年）

また、「抑圧」の象徴ともされる「女の仕事」に対して、それを毎日行う女性たちが嫌悪感を示すとはかぎらない。

けっこうね、私もフェミニズムの影響とか受けちゃってるんだけど、でも割と、お茶とか、前は「自分で煎れろよ」とかおもってたけど、まあお客さんが来れば出すし、朝自分が煎れてるときに誰か来たらついでに煎れる。ありがとうって言われて気分もいいし、そういうのを目くじらたてて男がやるべきだ、とはおもわない。

（二三歳、大学院生、イギリス在住一年、国際交流機関勤務）

事務職だから、雑用一般ですね。お茶汲みとかもするし、電話をとるのと、あとパソコン書類作成とか、でも自分にだけ任されてるっていうプロジェクトみたいなのもありました。あとはもう銀行に行ったり県庁に行ったり、言われたことをぜんぶする。でもやりやすくて。お茶汲みはいやとか言う人っているじゃないですか。だけど、任されてるんで。なんだろう、やりがいがあるっていうのかな、雑用もちゃんとした仕事っていう。自分の仕事があるっていいですよね、私はお茶もプロジェクトも同じように自分の仕事っておもってましたから。

（二八歳、大学院生、ハワイ在住一年）

当然ながら、多くのフェミニスト研究者が指摘してきているように、こうした態度は企業内のジェンダー役割を強化してしまうという悪循環を生む。それでも女性たちが、自らを犠牲者としてではなく、不利な状況ですら楽しめる者として、補佐的な仕事もプライドをもってこなす者として、呈示したことには注意が必要だ。彼女らは自らの行為の帰結に決して無知ではない。「アメリカの人」や「フェミニズム」の反応もきちんと想定したうえで、「抑圧」や「服従」だけが彼女らのすべてではないことを主張している。

またいっぽうで、女性たちが彼女らなりの抵抗の姿勢を見せることもある。

出張先で、「僕の愛人にならない?」とか。お寿司屋さんに連れて行かれたり、私が泊まってる先にいっしょに来ようとしたりとか。そういうときはさわやかに、もう明るく、後味悪くならないように。私は妙なところが保守的で、不倫とか絶対きらいなので、そういうことはしなーいと言って、お寿司をよばれて帰ってくる。

（三九歳、大学生、アメリカ本土在住半年・ハワイ在住五年）

どっちかといえば、言ってもセクハラとかそういうのもあるけど、どっかでうまく流してるところもある。そればっかり気にしてたらなんにもできないし、どっかでうまく要領よく、世間慣れじゃないけど、こういうときにはごまをするっていうか、そういうのはなんか培われる。なんとなくうまくこなしていくっていうか。表面ではうまく笑ってごまかして、影で怒ってるって。

（三五歳、大学生、アメリカ本土在住一年・ハワイ在住一年）

不満はあんまり、私はなかったけど。周りも別に。あ、なんかね、頼まれるのも、当然みたいに頼む人には反発してる人もいたけど、やっぱり、申し訳ないけどっていう感じで聞かれたら、こっちも嫌な気はしないし。でもやっぱりそういう男の人って日本はたくさんいるから、女の子がやって当然っていう。そういう考えの人は、やっぱり頼み方でなんとなくわかりますよね。

（三一歳、会社員、国際結婚・アメリカ本土在住六年・ハワイ在住三年）

性的なアプローチを笑ってはね除ける、表面上はうまくやりながら怒りを潜めてもいる、相手の扱いによって態度を調節する——女性たちは、自分たちが簡単には搾取されはしないということを暗示的なメッセージとして男性たちに送りつけ、彼らに超えさせないラインを引こうとしている。そうした努力は、時に、他の女性の力を借りたり他の女性たちと結託したりして、同性間での協力のかたちをとることもある。

自分の事務局の上の、女性の上司の人に、「夜遅くまで誘われて困ります」って言ったりしました。そしたらその人が間接的に、残業は七時半までですので、って言ってくださいました。でもそれ言われた人は反感を持ってて、「こっちは学会を良くしようと思って言っているのに」って怒ってました。

（三〇歳、大学院生、アメリカ本土在住半年・ハワイ在住一年）

ああ、制服に関してはすごくいやだった、デザインがむちゃくちゃいやで、それがいやで着るのがいやっていうのがあったけど、それに抵抗するのにいろいろ理由をつけて、なんで女性だけ、とか。婦人の組合っていうのがあるのね。あんまり聞かれないのね、そういう声は。だからただ集まって文句を言う。

（三五歳、大学生、アメリカ本土在住一年・ハワイ在住一年）

このように、女性たちはただ従属的地位に甘んじているだけでも、あるいは職場の外の遊びに耽溺するだけでもなく、彼女らに可能な方法で取引先に、上司に、同僚に、そして日本社会・文化に、明示的暗示的な〈交渉〉を挑んでいる。少なくとも彼女らのことばには、そうしようとしたという含意がある。

さらには、男性中心の世界で渡りあうために、より長期的な戦略であたったというインフォーマントもいる。次の女性たちはそれぞれ、旅行業界の営業職、重機械メーカーの輸出部員、そして金融アドバイザーとして働いた経験を振り返って言う。

女ごときに、こんな仕事を頼めないとか。そういう人はいますね。初めはね、なんとか認めてもらおうとおもって無理していろんなこと、何回も行ったりとか、わざと人と違うことをしたりとかしてたけども、でももう、スムーズに行くんだったら、男性の先輩を同行して。お客さんの好きなようにさせてあげる、あわせてあげる。あとは添乗先で、ほら、男の人だから、飲みに連れて行って、連れまわされるとか、ホステスみたいな感じ。でも自分的には、このお客さんを失いたくないとかそういうのがあって、けっきょく営業って、自分がなんぼ稼ぐかですよね、だからこの人を落としたら次につながらなくなっちゃうと自分が苦しくなるっておもうと、じゃあ、ちょっと目をつぶろうかな、とか、そういうのがあったかもしれない。

（三五歳、会社員、ハワイ在住三年）

女性ってね、私ひとりだったの。だから他の会社から見にくるわけ。どうせ女だからやめるとか無理だとか。油まみれで機械をいじる男の人たちとうまくコミュニケートできるはずがないって。…最初はいきなりぱっと入って、その当時三一歳、まだ若い、だから工場にいる人とか、国内の営業やってる典型的な中小企業に勤めるタイプの日本の男性とかも、最初は私のことが理解できなかったけど、毎日毎日いっしょに働いてて、だんだん私のことがわかって、普通じゃないなっておもってくれたし。

（四六歳、大学生、ハワイ在住四年）

ビジネスの上でも周りが男の人ばっかなんで、いくらこっちが性別とかなく接しようとしても、お客さんの方で女の人としてみてくる、とか。別に嫌じゃなかったですけど。私がそのときおもってたのは、maximize できる［最大限に利用できる］ってこと。女であることを利用するなら何かって考えてて。たとえば女の人だと認めてもらうのにすごく時間がかかるんですけど、いったん認めてもらうと、普通の男の人より目立ちますよね。
（三五歳、主婦、外資系企業勤務・アメリカ本土在住五年・ハワイ在住一年）

「女ごときに」、「どうせ女だから」、「女の人としてみてくる」という経験のそれぞれは、たしかに旧態依然としたジェンダー関係を下敷きにしており、決して「幸運な」ストーリーではないだろう。事実だけを拾おうとすれば、私たちもまた、英語圏の研究者たちのように、日本の性差別にげんなりとしてしまうだろう。しかしこれらの語りのなかでより強く叫ばれているのは、どれだけ彼女らが虐げられていたかということではなく、むしろ、そうした逆境のなかで彼女らがいかに努力し道を切り拓いたかという満足感や達成感のほうである——「あわせてあげる」「毎日毎日いっしょに働いて」「女であることを利用する」、と。そのとき、拘束的な日本社会・文化は、彼女らの成功の物語の背景へと遠のく。女性たちは「抑圧」を言いたいのではない、その〈葛藤〉を乗り越える自らのちからのことを言おうとしている。苦境をこのように明るいストーリーとして語りあげることのできる彼女らを、私たちはもはや「不幸な」などと呼ぶわけにはいかないだろう。

さらに興味深いことに、一般的には「幸運な」とされている専門職の女性たちが、そのキャリアについて相反する感情を表すことがある。たとえ明示的な性差別を受けることはなくても、ひとつには、精神的身体的な負担の大きさからくる疲労感があり、また、看護師や教員は病院や学校という狭い世界に拘束されてしまうという閉塞感、そしてアーティストや経営者の女性からは将来への不安感もきかれた。従属的な地位につかされているはずの「不幸な」女性たちが明るいトーンで自らの経験を語り、特権的な地位を占めているはずの「幸運な」女性たちが不安や倦怠を口にするとき、私たちは、誰が「抑圧」されていて誰がされていないと言うべきだろう？

ここまでの議論は、しかしながら、日本のジェンダー構造に問題がないとか、ＯＬのほうが専門職の女性よりも恵まれているとか、あるいは日本女性は自律的で自由な存在だとかいう、短絡的な結論を導かない。インフォーマントたちの語りは、いっぽうで既存の学術的言説を支持するもので、日本社会・文化における根強いジェンダー不平等構造を明らかすぎるほどに私たちに見せつける。職場という領域において、女性が補佐的な役割に就かされており、キャリアを積むことに障害があるというのは疑い得ない事実として浮かび上がってくるし、それが女性たちに引き起こす落胆や不満や苛立ちも大きい。その重みを、彼女らの憤りや悲しみとともに、まずは受けとめなければならない。

と同時に、不平等とはきわめて複雑なかたちで発現するものだ。誰かだけが虐げられていて、でも、あれとこれとの能力を身につければそこから抜け出せる、などという単純なものではない。「普通の」「不幸な」女性たちも、「例外的な」「幸運な」女性たちも、そして男性たちもまた、それぞれに異なるかたちで〈葛藤〉の状況に追い込まれている。それがジェンダーという構造の働きなのであり、その問題性をじゅうぶんに認めたうえで、そこにおける〈交渉〉の過程ひとつひとつを、私たちは拾おうとしてきた。ＯＬたちが仕事は楽しかったと言い放ち、キャリア・ウーマンが性差別的な男性たちとの闘いを物語り、そのいっぽうで性差別とは縁遠かったはずの専門職の女性たちが悲観的な感慨を口にするとき、いったい誰が抑圧されているのかいないのか、どの女性がより幸運なのか不運なのか、そもそも、私たちにそれを測ることなどできるのだろうか、と、私たちは問いなおすべきだろう。これまでの日本女性研究が想定してきたような、経済的にも文化的にも資本にめぐまれず、ゆえに性差別に甘んじている、「抑圧」された、「不運な」「普通の」日本女性は、実は、どこにもいない。少なくとも、インフォーマントたちは自らをそのように描かない。

3　何に向かうのか――「あこがれ」ではなく

したがって、なぜ女性たちは日本を離れるのか、という問いに対し、日本社会・文化が抑圧的だから、というよく聞かれる答えは、おもうほど一般的ではないようだ(1)。たとえ表面上はそうみえたとしても、彼女ら自身はお茶汲みやセクハラが原因ではないと、そうしたジェンダー構造のなかで自分は虐げられていたわけではないと言うだろう。それでは、今ある言説のなかのもうひとつのキーワードである、「解放」はどうだろう。

ふたたびカレン・ケルスキーを引用しよう。彼女によれば、日本女性が海外を目指す動機づけとしてあるのは「あこがれ（*akogare*）」である。ケルスキーが日本語のままで使用するこの語は、強固な性差別構造のなかで虐げられている日本女性たちが西洋社会に託す夢のことを指す。と同時に、ケルスキーは言う、「女性たちが西洋に忠誠を誓うとき、そこにはエロティックなニュアンスが含まれている。外国との出逢いのナラティヴは、性的メタファーに満ちているのだ」（Kelsky 2001：129）。日本の女性たちは西洋をロマンティックにそしてエロティックに希求している、ということになる。(2)

ケルスキーのように、そうした「あこがれ」は幼稚な幻想にすぎない、と斬り棄てることはたやすい。しかしそれを前提として読みこむのをやめたとき、私たちは「解放」やそれへの「あこがれ」といったキーワードもまたお仕着せの、非当事者たちにとって便利なだけのラベルだということに気づく。ここでは特に、自らの意志で海外に渡ったインフォーマントたちと、学校や職場で、あるいは異文化交流や英会話を通じて、国際的活動に携わるインフォーマントたちの語りをみていこう。

あこがれとその実現

事実、西洋へのあこがれを表すインフォーマントもいないわけではない。海外へ渡った経緯や国際的活動に従事するようになった契機を訊ねられ、子どもの頃に見たり触れたりしたアメリカやヨーロッパの文化を振り返るインフォーマントもいるし、また、アメリカンスクールでのサマープログラムに参加したり、ネイティヴスピーカーに英語を教わったり、海外へ引っ越した友人と文通したりしたこと、あるいは、J・F・ケネディの暗殺といった国際的なニュースを通して、西洋への関心が芽生えたと語るインフォーマントもいる。

しかしいっぽうでその実現は、多くの場合紆余曲折に満ちている。学生時代にアメリカで語学研修に参加し、「最高の青春時代を送った」という女性は、その後正規の留学生として渡米するまでに実に二〇年を費やした、と言う。また、同じくイギリスの大学に留学するという夢を実現した直後に妊娠がわかり、日本に戻ることになったそのまた数年後に、今度は夫の海外赴任があり家族で渡英することになった、という経験をもつ女性もいる。

目の前がまっくらになっちゃって。そんな体で、外国の大学でやっていける自信がなかったんですね。それで日本に戻ったんですけど、でもいつも葛藤がありました。朝、洗濯物とか干しながらね、お腹が大きくなってくるじゃないですか。なんで私ここにいるんだろうって、悩んで悩んで。…うん、なんかね、それは、理想の人生とか順番っていうのが誰でもありますよね。正直言うと、私はその最初の理想のとは違ったんだけど、でも人生ってこんなもので、今こうやっていられることは、前はこんなこと絶対できないとおもったことをやらせてもらってるじゃないですか。だから、その感謝の方が大きいから、それでチャラ、みたいな。

（三六歳、主婦、イギリス在住七年）

そして次のインフォーマントも、いったんは消えたあこがれが、家庭の事情によって「子連れ留学」という思わぬかたちで実現した、という経緯を話す。

留学をあきらめたっていうのは、なんでだろう、日本にいたら、ほんとうにいい加減なんだけど、日本も楽しかったの。このまま日本にいてあれするのも悪くないかなっていうのがあって。あと、父親が手術したんだけどそれもひとつの原因かな、そばにいたいなって思ったんで。……子どものぜんそくが出て。で、東京では環境が悪いから、どこがいいのかって考えたときに、じゃあ海外の、空気のいいところにって。ほんとうにいい加減なんだんだけど。子どもが英語を学べることもプラスになるし、私も昔四年制大学に行きたいっていうのがあったし、環境もいいしって、無理やりそういう説得をして。

（三五歳、主婦、アメリカ在住三年）

長年の努力、予定外の妊娠、家族の病気といった具体的なできごとに彩られた彼女らの軌跡は、「あこがれ」を抱き続けてついに実現させた、勇敢な、劇的なものにもみえる。しかし同時に、私からの「ドラマティックですね」「すごいですね」という感想を聞いて彼女らは、その人並みはずれた半生を「単に計画性がないだけ、恥ずかしくって人に言えない」、あるいは「私なんて何にも考えずに生きてるから、いいかげんなだけ」と、謙遜まじりに言ったりもする。彼女らのことを、「献身的な母親」だとか、「勇気ある国際派」だとか、ひとつに名づけることは難しい。

他方には、同じくらい大胆に勇敢に日本を発ったようにみえる女性たちが、自分ではその経緯をきわめて平坦に述べるということもある。

最初の病院がけっこう外人さんの患者さんが多いところだったんですけど私は全然英語がしゃべれなくて。それで短期の語学プログラムに来たりしてるうちにこっちの免許もとって、それで今に至る。だからただ、ほんとうに好奇心。なんでかわかないですけど、なんとなく。無謀だったかな、なんにも考えずに。

（三七歳、看護師、ハワイ在住三年）

仕事はあってたし、任される仕事も多くなってすごく楽しかった。でも地位が上がると現場を離れることになって人間を管理することになるでしょう。それだと自分のやりたいことじゃないから、ああこれは限界だなとおもって。これ以上仕事しても自分は伸びないんじゃないかなって、じゃあまあいいか、ちょっと辞めてみようって。あんまり計画もたてずに。あんまり自分で方向を決めちゃって向きを変えるんじゃなくて、流れにまかせて。

（三五歳、大学生、ハワイ在住二年）

「なんとなく」「流れにまかせて」——海外で看護師の免許をとる、大学卒業後から続けた仕事を辞めて留学する、という大きな決断を、彼女らはドラマティックなストーリーとして語ろうとしない。他にも教員や事務職といった仕事に「見切りをつけて」と語るインフォーマントがいるが、彼女らもまた、「ちょっと一息つきたいという思いで」、「職場への不満のせいでってわけじゃなく」と強調する。ここにも、一心に西洋にあこがれる国際派日本女性の姿はない。

ここで注意しておこう、インフォーマントたちの言う「いい加減」で「なんとなく」の人生は、ただほんとうに思いつきだけの気まぐれなものとは限らない。夫に海外赴任があり家族全員で移住するのも、母親と子どもだけで留学するのも、三十歳代で仕事を辞めて海外の大学に入学するのも、それを可能とするだけの経済的文化的資本が本人に、あるいは親や夫にあってのことに他ならない。インフォーマントの何人かが実際に経験したように、環境が整わず日本に留まることを余儀なくされる人は多い。女性たちの自負も謙遜も、したがって、彼女らが浴している物理的社会的な恩恵のもとにあることは指摘しておかなければならない。

だからこそ、そうした背景があるにもかかわらず、女性たちが自らを「幸運な」「例外的な」女性として、既にある枠組みのなかで語らないということは興味深い。移住や離職といった要素だけを注視すればこぼれ落ちてしまう、彼女ら自身の意味づけに耳を傾けよう。日本社会・文化における「抑圧」の経験と、西洋社会・文化における「解放」への期待の、どちらも口にしない彼女らは、「あこがれ」を追ってひらひらとはかない蝶々のイメージを拒絶する。

必然性、偶然性

さらには、「あこがれ」も何もなく、海外へ移ることが当然のことだったから、と言い放つインフォーマントもいる。特に、英語講師や日本語講師、通訳・翻訳家といった英語を使う職業に就く女性たち、アーティスト、そして専門分野が日本で発達していない大学院生にとっては、英語圏での就労および就学はキャリア上の必然だとされる。したがって、海外移住は永久的な計画ではなく、むしろ数年後には日本に戻ってその経験を活かすことが目的だと語るインフォーマントもいる。また、海外の大学院を選んだのは、単に日本の大学院の門戸が狭すぎたから、海外のほうが簡単に入れたから、と言うインフォーマントもいる。こうした女性たちにとって西洋社会・文化は、ロマンティックな「あこがれ」の地であるというよりも、実利的な理由から選択した便利で有益な場所、ということになる。

もうひとつ、見過ごすことができないのが結婚と家族という要因である。親や夫の海外赴任や留学に同行して、あるいは定年後を海外で暮らすために、外国籍の相手と結婚することになって、という経緯でアメリカやヨーロッパに渡るインフォーマントは少なくない。ここで重要なのは、国際結婚の経験者たちが、それが彼女らの目的や志向ではなかったと強調するという点である。家父長的で権威的な日本男性に愛想をつかして、とか、ロマンティックで紳士的な西洋人男性を夢みて、とかいう「あこがれ」は、インフォーマントたちの口からは聞かれない。たとえばアメリカ本土の大都市でキャリアを積んだものの「その幸せって続かなくて、すごく刹那的」であることに気づき、物質主義とは別の幸せを探すようになった、と話す女性は、国際結婚の経緯を次のように話す。

そういうときに、なんかそこにいたんですよね、彼が。アメリカ人のボーイフレンドだった。ただ、それも私はあんまり、そういう線の引き方って好きじゃない。同じ日本人でも、育った環境によって違いはたくさんあるんで。アメリカ人とかじゃなくて、育った環境が違うから、価値観も違う。別の人間なんで、考え方も違うじゃないですか。そういう面で、和解しないといけない部分はありますけど、それを人種ベースで考えることはない。彼がアメリカ人だからうまくいかないっていうのが真であれば、じゃあ、日本人どうしの結婚はぜんぶうまくいかないとおかしい。

（三五歳、主婦、外資系企業勤務・アメリカ本土在住五年・ハワイ在住一年）

また、趣味を通じてアメリカ人の夫と知りあったという次の女性も、人種や文化の違いを強調することはない。

あんまり、なんか、まあ、人種はもちろん違うし、育った文化も違うけど、ただ、日本人と結婚するのと変わらないのかなって思いますね。やっぱり日本でも育った環境が違えば問題はでてくるし。あんまり国際結婚で困ったこととかはないんですけど、やっぱりその、手続きがね。アメリカはオープンだと言えども、面倒なことがいっぱいあって、不愉快なおもいもしたし。…国際結婚がしたかったたっていうのはない、全然ないです、私はどちらかといえば日本人のほうがよかった。やっぱりことばの問題もあるし。

（三八歳、会社員、国際結婚・ハワイ在住二年）

「人種ではなく個人」「好きになった人が外国人だっただけ」と主張する女性たちを、カレン・ケルスキーなら「たまたまガイジン論者」と揶揄的に呼び、彼女らもほんとうは西洋崇拝の「あこがれ」に導かれて彼を選んだはずなのにそれを認めようとしない、と断じることだろう。だがここでは、女性たちにそう主張させているものは何かを考えなければならない。インフォーマントたちはケルスキーのような視線を撥ねつけて言うようでもある、自分はナイーヴな「あこがれ」の盲従者ではない、そのような偏見を持たれたくない、と。
実際のところ、国際結婚については「あこがれ」どころか、ネガティヴな反応を表すインフォーマントが続出する。そのなかには、興味深いことに、自分の結婚相手は日本人のほうがいいと言った後で、でも実は自分にも外国人のボーイフレンドがいて、と話すインフォーマントもいる。彼女らもまた、自分たちが惹かれたのは人種や国籍ではないと強調するか、あるいは多くを語りたがらない。

んー、難しいとおもう、アメリカ人は。結婚するのはね。ボーイフレンドならいいかもしれないけど。っていうのは、まだ自分にあうかどうかわからないけど、周りの人たちをみてると、アメリカ人と結婚した日本女性って苦労してる人が多い。divorce［離婚］してる人が多い。細かい面で、信じられないようなことが多くて。なんか、理解に苦しむことが多くてって。…今はね、微妙。トライアル期間中。ニューヨーク出身の人。最近会ったばっかりだからね、友だちの元ルームメイトで、気があったから。

（三六歳、専門学校生、ハワイ在住二・五年）

日本人がいい。もしつきあうなら。っていうかさ、こっちでただの友だちってできづらくない？　ちょっと誘われたから行くと、勘違いするっていうか。友だち関係にはなれないのかなとおもって。クラスのプレゼンとかで電話の交換とかすると、関係ないことで電話かけてきたりするの、そういうのって私、すごいうっとおしいっておもうの。別にガイジンの彼がほしいとか思わないし。……でもまあこんなこといいながら、いるんですね、ガイジンの彼氏が。でもすごい適当、ほんとにつきあってるのかどうかわかんない、今は遠距離だから。

（三五歳、大学生、ハワイ在住二年）

西洋人男性との親密な関係が日本女性のあこがれであるというのも、そして、そのために海を渡ろうとする女性がいるというのも、明らかに、ここに現れる女性自身のことばにはそぐわない。そこに無理に「あこがれ」を読みこもうとすることはもはやできない。

疑問はまだ残っている、それでは女性たちはなぜ、日本を離れるのか。それはやはり、「抑圧」とも「解放」とも無関係な、女性たちの個人的な具体的な人生のできごとと関係していることが多い。次の女性は、冗談まじりに躊躇したあとで、彼女を海外へと駆り立てた悲痛の種を明かす。

もともと私、こういう勉強するきっかけになったのも、日本がいやでいやで、日本から出たいって。いやでいやでっていうか、うーん、こんなこと言っていいんかな。でも聞きたいでしょ、ここを言うのといわないのでanalyze［分析］するのが変わってくるとおもうけど。長くつきあってた、結婚を考えてた人がいて、でもそれがなくなったから。で、もう、周りがつらい。すごくしょうもない理由ですよね、とにかくその現実から逃れたい。たぶん、現実逃避でしょ、今からおもえば。結婚しようとおもってて私は会社を辞めたんですよ。それまで私は仕事が好きで好きでずっと長く続けてたけど、もうここでいいやって、バランスのある人生がほしいって。それで辞めたから、でも結婚もなくなって、じゃあもうぜんぶいらんやっておもって、それで外国に移って。

（三八歳、大学院生、ニュージーランド在住一年・ハワイ在住五年）

その後、彼女がワーキングホリデーで移り住んだ先でも、「日本がいやっていうのも根底にあったけど、彼氏と別れたとか結婚がだめになったとか」という同じ理由で、そこを訪れる日本の女性が多くいたという。先に、日本の保守的な組織のなかで苦労した、と語った女性も留学の決心を次のように説明する。

それは、仕事というよりも、うん、仕事以外のことが実は多くって。結婚のこととかでいろいろあったんですよ。それでちょっと環境を変えたい状況だったので。一度はもう、結婚しようとおもって留学はあきらめてたんですよ。でもそれが、結婚がなくなったので、「ああ、もともとはこれがしたかったんだわ」っておもって。組織がいやな点はありましたけど、そういうセクハラもいやでしたけど、それですぐ辞めようっておもったわけじゃない。

（三〇歳、大学院生、アメリカ本土在住半年・ハワイ在住一年）

「現実逃避」「環境を変えたい」という、こうした実際的な要素や切実な感情こそが、実は、インフォーマントたちにとってもっとも大切なことなのだろう。それは偶然性に満ちた、一貫しない、したがって研究者にとってはモデル化したり一般化したりしにくい、やっかいなものだけれど、だからこそ、これまで聞きこぼされてきたそのひとつひとつを、拾いなおしていかなければならない。「抑圧」も「解放」も、実のところ、日本女性たち自身が語る動機の語彙ではない。日本がきゅうくつで、と語るインフォーマントも、外国に心奪われて、と言うインフォーマントも少ない。しかしながら、女性たちの語りに「抑圧」や「解放」や「あこがれ」が現れなかったということは、すなわち彼女らがそうした経験をしなかった、ということを意味しない。先行研究やメディア言説に出てくる女性たちと同様に、私がインタヴューした女性たちもまた、実際には日本社会に幻滅し、西洋社会に希望を託していたのかもしれない。しかし、インタヴューの場において彼女らがことばを費やしたのは、研究者が期待するような文化論や社会論ではなく、彼女ら自身が重要視する個人的で具体的な出来事や感情についてだった。同時に彼女らは、そうしたストーリーを聴く私が、彼女らを日本的性差別構造の被害者だとか、西洋絶対主義の信奉者だとかみなさないように、慎重に、自らの経験やおもうところを語った。そのようにして織りなされたストーリーは、彼女らが予期しなかった出来事を含み、教育や家族や仕事のあれこれに翻弄され、経済的な、身体的な、精神的な状況に左右される過程の連続だ。それは研究者がいくつかのカテゴリーにまとめて括ることができるような、単純にモデル化したり図表化したりできるようなものではない。日本女性は国境を越えるとき、何を後にし、何に向かうのか、などという問いそれ自体が、囚われの蝶が希望の地へと飛び立つというきれいな物語を想定していたことに、私たちは気づかされる。

4　何から解放されるのか、されないのか——実際的問題の数かず

それでは日本の女性たちが実際に西洋社会・文化に足を踏み入れたとき、そこに待っているものは何か。楽観的な「解放」でも悲観的な「抑圧」のどちらでもない、〈葛藤〉と〈交渉〉がここで

も聞かれる。ここでは、長期の海外在住に限らず、短期滞在や国内での異文化経験なども含めた国際的な場面一般におけるインフォーマントたちの経験に焦点を当てよう。

「楽」という解放感

海外生活およびその他の国際的経験の感想を尋ねられたときも、インフォーマントたちの多くがまず話題にするのは日常的な、とりとめのない、「おもしろいこと」や「変なこと」だ。「スーパーの文房具売り場に鮮魚が戻してあった」、「一時間遅れても謝りもしない」といったことが驚きや戸惑い、そして皮肉やユーモアとともに語られるのと同時に、なかには、実際に日本の外に出ることで味わった「解放」を口にするインフォーマントもいる。特に、体型や服装や化粧のことを気にしなくていいことは、「おばさんでも二の腕出して歩ける」「穴のあいたシャツ着てる人もいる」「革ジャンの隣にランニングがいたとしてもおかしくない」と、女性が日本を離れるときの利点として頻繁に言及される。また、結婚しているかどうかも日本に比べて重視されない、と、「みんながみんなを見てるような田舎町」から海外へ渡った次の女性は言う。

前は、私は結婚してないから恥ずかしいとかね。だって＊＊［出身地］ではあからさまよ、友だちもみんな三〇歳までに結婚して子どももいるから。「あら、まだなの、紹介してあげようか?」って言われる。今ならね、「こんな田舎には私の相手はいません!」って言えるけどね。

さらには、日本にはなく西洋にはあるとされる「自立」や「個性」といったキーワードも登場する。

（三五歳、インターン、アメリカ短期留学・ハワイ在住一年）

こっちでは自立せざるをえないっていうか。社会的にも女だからってそういうふうに見ないから。日本だったらあるような、こういうふうにやんなきゃいけないって前提がないから、なんでもできるっていうか。過去の、どういうところから来たかもお互いに知らないから、こうあるべきっていうのがないのがすごい解放っていうか。すごい楽だった。

（三二歳、大学院生、アメリカ本土在住四年・ハワイ在住一年）

楽になったっていうのはある。日本はどうしても「出る杭は打たれる」でしょ。だから仕事してたときとか、やっぱりねたまれたりしたよ。でもこっちではほめられるでしょ、張り切るとどんどんやりなさいって言ってくれる。

（三三歳、経営者、ハワイ在住一年）

日本国内においても、西洋文化への重要な入り口のひとつであると考えられている英語を話すことによって、「解放」がもたらされると語るインフォーマントもいる。

あのね私ね、外国人に対してっていうか、英語だと、普段言えないことが言える。けっこう怒ってるときとか。私、怒るのって苦手であんまり言えないのね。でもそれが英語だと日本語より直接的、ダイレクトに言えるっていうか。

（二七歳、国際的企業勤務、ニュージーランド在住一年）

私はね、謙遜っていうか、けっこう控えめな物言いをしちゃうので、英語でしゃべるときのキャラクターと日本語でしゃべるときのキャラクターが違うって言われたことがある。英語が私を自由にさせるっていうところがあるんです。

（五三歳、主婦、国際交流ボランティア・大使館勤務）

しかしながら、以上で言われていることを文化的な違いとだけ解釈することには問題がある。留学というかたちで海外生活を送ったインフォーマントも多いことから、社会人と学生という社会的地位上の違いも反映されているだろうし、また、ボランティアや友人関係といった相対的に平等な状況での経験だということも勘案しなければならない。たとえハワイでもオフィス街では毎日サンダルでは過ごせないし、英語が使われる状況でも相手の立場によっては控えめに物を言う必要があることもある。さらに、日本の地方から海外の大都市へ移った場合には、都市と地方の違いが日本と海外の差異として認識されてしまっている可能性もある。女性たちに楽だと感じさせているのは、外国だからというだけでなく、学生だから、友人だから、都会だからという、他の要因であるかもしれない。

「外国人」という疎外感

こうしていっぽうでは「楽」と形容される国際経験には、しかし、それ以上の問題や不満が含まれてもいる。言うまでもなく、外国語を話して生活するということは、ひとつの重荷となる。インタヴューの時点で海外生活のただなかにあったハワイのインフォーマントたちにとって、海外生活の感想としていちばんに思い当たるのは言語の問題であることが少なくない。日本人観光客が多く日本からの移住者コミュニティの発達したホノルルにおいてさえ、語学能力とそれに付随するコミュニケイション・スキルのハンディキャップは女性たちに大きくのしかかる。

ことばがね、自分はことばが、英語があんまりわかんないんで、いくら日系企業っていっても働くうえでたいへんだなって。今でも苦労はある。毎日ある。

（三五歳、会社員、ハワイ在住三年）

アカデミックな世界はやっぱりつらい。こっちはpassive［受動的］なつもりじゃないんだけど、日本人の発言の仕方とアメリカ人のやり方が違うから。こっちはまず相手の言うことを聞いて理解しようとするじゃないですか。でもアメリカ人は何のコンテクストも考えないでとりあえず発言して、言えばいい、みたいな。ロジックも何もなくて。passive［受動的］というよりもわけがわからない。

（三二歳、大学院生、アメリカ本土在住四年・ハワイ在住一年）

「心と心の通い合いがあればことばなんていらない」と信じていたのに、実際に英語環境で暮らしてみて意見が変わった、と言うインフォーマントもいる。

たいへんって、英語。ずっと「心と心の」でやってきたからほんとしゃべれなくて、白人に冷たくされるって感じることがある。パーティーなんかに呼ばれて行くといろんな人としゃべるじゃない。でも私の英語がわからないと、避けられたり。あと、一度、はっきりと、「あなたの英語がわからない」って、大人に言われたことがある。それ言われたときはすごくきつかった。話が終わったわけじゃないのに、コミュニケイションを絶たれちゃったから、それはすごくさみしかった。

（三三歳、経営者、ハワイ在住一年）

言語とコミュニケイションの問題に加えて、滞在資格の問題、特に国際的な就労に関係するビザの問題も多く話題になる。市民権のないハワイ在住者たちは就労ビザのスポンサーとなってくれる雇用主をみつけることの困難を、そしてその結果としてのオプションの少なさを一様に口にするし、大学生・大学院生は卒業後の進路が帰国に限定されてしまう、と語る。さらにアーティストや公認会計士といった専門職であっても、言語やビザの問題が障害となることがあると言うし、結婚を通して永住権を有する女性であっても、低い賃金や限られた職種、職場での文化の違い、そして性差別に不満をもらす。

すごい契約社会っていうか、頭の構造が日本人と違って、日本人だったら親切に、察知して、連絡とかしてくれるのに、一から契約。なんでもかんでも書いてあることがすべてで、それ以外のことは、主張しないことはやってくれない、とか。サインするのがすごい怖い。交渉が大事なんだなっておもった。ギャラも、交渉がうまくいった人の方がいいギャラをもらってたり。それがすごい疲れる。

（?歳、アーティスト、アメリカ本土在住二年・ハワイ在住一年）

私のボスなんかはけっこう男尊女卑だったとおもうのね。私の同僚が、自分もpromoteされても［昇進しても］っていいんじゃないかって話になったときに、ボスが、「君は旦那さんが稼いでるんだから必要ないじゃないか」って言ったって。あと、周りを見てて、女性の方がだんぜんまじめに仕事をしてた。やっぱりアメリカでも、女性は男性の何倍も仕事しないと認められないんじゃないかっておもった。男性はいい加減にやっててもすいすい昇っていけて。それは納得できなかった、やっぱりアメリカでもあるんだ、とおもった。

（三五歳、カウンセラー、国際結婚・アメリカ本土在住一・五年・ハワイ在住五年）

このような「解放」とはほど遠い現実に直面し、女性たちが西洋社会のなかの日本人コミュニティに身を置こうとすることもある。(3) 日本語を話し、和食を食べ、日本語のテレビや雑誌を見て、日本人とつきあう、という生活は、特にホノルルにおいては難しいことではない。そうした態度が、

「日本人は日本人どうしで固まる」「日本人は閉鎖的」と否定的に評価されることは少なくないが、それは彼女らの性向によるものではなくむしろ彼女らが置かれた不利な社会的状況の反映だということに注意しよう。事実、数かずのハンディキャップを負わされながら現地コミュニティに溶けこもうとすることこそが「無理をしている」「不自然なだけ」と気づいた、と語るインフォーマントもいる。

さらに、そうした幻滅から行き着く先である日本人コミュニティが、必ずしも居心地のよい場所であるとも限らない。煩雑な「おつきあい」が問題になることもある。

私は逆に、奥さんとか他のお母さんたちって、日本人じゃないとすごくおもった。日本で暮らせないからここに来てる人って多いとおもうんですよね、日本のなかでは生きていくのが苦しい人たちが。っていうのは、すごいみんな外国人の主張の強いところだけを身につけてて、その割には、はみ出た人は、日本人的にみんなで仲間はずれにしたり。そういう悪い意味で強い人じゃないかな。

（四〇歳、大学生、カナダ在住一年・ハワイ在住四年）

その人たちが、典型的な日本人の奥様、私のイメージでは団地妻。行動はいっしょにしなきゃだめ。私はそういうのはおかしいとおもうわけ、その人それぞれの予定があるんだから。「今日ご飯に行くわよ」ってひとりの人が言うと、みんなぞろぞろ行かないといけないっていう。私、二回ぐらい誘われたんだけど、「あ、すみません、また今度」って言ってたら、それからなんか、無視されたりとか。あれ、私、今、いじめられてる？　みたいな。

（三二歳、経営者、ハワイ在住一年）

最後の女性は、先に引用したようにパーティーで白人に冷たくされた経験を有し、同時に「日本の団地妻」の輪のなかにも入りきれない。日本社会・文化から西洋社会・文化へと直線的に動くことが難しいからといって、日本社会・文化のなかに閉じこもればいいというものでもない。どの状況においても女性たちに経験される〈葛藤〉はある。

いっぽう、東京のインフォーマントたちが語る国際的職場での経験も、自由や平等のストーリーばかりではない。いっぽうには、「私が経験した六社のなかで、そのドイツの会社がいちばんいい環境だった。私にあってた」と語るインフォーマントもいるが、他方には、不満や苛立ちを隠せない女性もいる。次の外資系金融に勤める女性と広告業界での翻訳を長く勤める女性はともに、外国人同僚とのあいだで生じた苦い経験を口にする。

やっぱり私のことは幼いっておもってるみたいで、同じ仕事をしてる男の人からも、お友達感覚でなれ合いになっちゃう、悪く言えば、なめられてんのかなっておもうときがある。仲良くしちゃってるからかもしれないけど、「ちゃんといい子にしてろよ」って言われたり、あんまり大人として言ってるんじゃないなって感じがした。

（二五歳、外資系企業勤務、アメリカ在住一年）

ただ一般に見られているのは、東洋の女性は従順だっていうのはみんな第一イメージとしてもってるみたい。だから私自身はやはりどこかで、乗じられるとかっていうのは嫌いでしょ。だからある程度のところでちょっと違うわよっていうようなことを示すようにはするわね。やっぱりはっきりノーという回数は増えるわよね。

（五九歳、通訳・翻訳家、イギリス在住三年）

西洋文化のなかで男性とも外国人とも対等に意欲的に働く、などという像は、女性たちの手にすぐ届きそうにみえて、実は実現可能性の限られたものだという事実が浮かびあがる。

以上のように、日本社会や日本文化の外に踏み出したとき、日本女性たちは「外国人」「非母語話者」という新たな他者カテゴリーのなかに自らを見いだすことになる。ビザや言語の問題に加えて、人種差別や文化的差異といった問題にも直面せざるを得ない。そのとき、自由や解放のイメージをともなう西洋社会・文化への淡い夢は消えていく。アメリカの異なる州で日本語を教えた経験を持つ女性は次のように言う。

自由っていうのはあるかもしれない。あんまり人のことに気にしないし、気にされないし。でもそういうのってほんとうは、私がほんとうの社会の一員になってないからだとおもう。アメリカが自由とかじゃなくて、たぶん、どこか他の国に行っても感じるとおもう。

（?歳、大学院生、アメリカ本土在住三年・ハワイ在住一年）

「楽」「自由」であると感じるのは、自分がその社会の一員としての責任を負わされず、よって疎外されているというだけのことだ、と彼女が鋭く指摘するとおり、日本女性が海を渡って経験するのは、まず、「外国人」としての厳しい現実の数かずであり、そしてそれにともなう「あこがれ」からの解放なのかもしれない。

ひとつ付言すべきは、ここでみてきたような日常的な経験を語るとき、インフォーマントたちが「どうでもいいことだけど」「いいですか、こんなくだらないことで」など、断りを加えることが多かったという点である。私にとってはどれも大きくうなずくことのできる、時に大笑いしたりいっしょに憤ったりしながら聴いた、決してどうでもいいことなどないそれぞれのことが、しかし、学術界においては重要視されていないというのは事実だろう。インフォーマントたちも私も、何が「国際的経験」とか「文化的差異」として公式に認められるのかを知っているし、何がそこから外れるのかもわかっている。「コミュニケイション・スタイルが違う」とか「日本は縦社会だ」とか言えばまっとうな意見だとされるが、しかし「役所に行くと人によって言うことが違う」とか「日本でもこっちでもオヤジはオヤジ」とかいうのは個人的な経験や感想だとされてしまう。前者は支配的言説として循環し、後者は「どうでもいい」「くだらない」とされて棄ておかれる——そのなかにこそ、女性たちが語りたいことがあるかもしれないのに。こうした面を包摂することなく、女性たちのリアリティを再構築することはできない。

5　どのように見られるのか、どのように見せるのか——ステレオタイプとの交渉

国際的場面において日本女性が経験する困難の数かずをみた。ことばがわからなくて黙らされる、ビザがなくて働けない、気の合わない日本人ともつきあわなければならない、職場で敬意を払われないといった経験に加えて、さらにもうひとつの、そしてもっとも重大な、ステレオタイプの問題がある。個々の日本女性たちを〈日本女性〉としてひとくくりにしようとする、そしてそこに一方的な意味を押しつけてくるこの装置は、インタヴューのなかでもしきりに話題になる。

ふたつのイメージ、ひとつの作用

ひとつの極には、外国人男性との情事を求める、性的に放埒な、誰でも簡単に「乗る」ことができる「イエローキャブ」のイメージがある。それは、日常生活のなかで移動したり食事したりしている最中に、突然彼女らの身にふりかかってくる災難だ。

そう、かちんとくるのは、タクシー呼んだりするじゃない、そしたらひとりの人がさ、頭にくるのが、日本人の女の子って聞いただけで軽いとおもわれるのかしらないけど、急にラジオの音楽とか聴き出して、ドライブ気取りで、私がいやだーとおもってたら、名刺まで。いつでも電話してってて。どういう意味よ？　みたいな。わかる？

日本人の女の子ってきいただけで、ノーといえなくて、すぐイエスって感じで。

（三二歳、大学院生、アメリカ本土在住四年・ハワイ在住一年）

日本人の女の子は軽いって言ってましたね。私の友だちなんて、一回いっしょに食事をしたら、すっごいアプローチしてきて、で、彼女は友だちとしてつきあってたからがっかりしたって。やっぱり日本の女の子だからっていうのがあったみたい。

（二二歳、大学院生、アメリカ・オーストラリア短期留学）

クラブとかに友だちと行って、話し始めたりするじゃない。そしたら「よかったらこの後」みたいになったりする。しかも「どうせそういうことがしたいんでしょ」って言い方をしてきたりするから、私は、「いや、私は友だちと来ていてお酒を飲んでそれだけ」って言うと、それで離れて行っちゃう人もいる、「なーんだ」みたいに。実際私たちのことを見て、そういうふうにしか思ってない人もいる。

（二三歳、外資系企業勤務、オーストラリア在住八年）

いっぽうその対極には、「理想の妻」というもうひとつの日本女性イメージも存在する。

外国人って言ってもいろいろいるじゃない、私はオーストラリアしか行ったことないからどうしてもあそこの白人なんだけど、日本の女性っていうのはやっぱりよく言われているように、奥さんにするといいって。だから日本人の女の子をみると、なんか縁があったら結婚したいなって。

（二八歳、主婦、オーストラリア短期留学・国際的企業勤務・英会話講師経験）

私、オーストラリア人とつきあってたんだけど、その人はね、誰でもいいから日本の女の子とつきあいたかったみたい。そう言っちゃうと自分がさみしいんだけど。やっぱりオーストラリアの女の人は言いたいことをはっきり言うし、日本人の女性のほうがおとなしいじゃないけど、あるんじゃない、そういうのが。

（二八歳、国際的企業勤務、オーストラリア在住一年）

すごく世話好きを期待されてるっておもったことあります。結婚してなくても、つきあってたりすると、働き者でご飯作るとか掃除するとか、そういうのが好きなんだろうって勝手におもわれて期待が大きいなっておもったことはありますね。あとは、ノーと言えないっていうのが、私を知る前に、日本人の女の子はノーって言えないだろうからって勝手におもわれてて、だから気をつけなきゃいけないのよって言われるとか。

（三〇歳、大学院生、アメリカ本土在住半年・ハワイ在住一年）

ここに現れるふたつのイメージ、すなわち手軽なセックス相手としての日本女性像と、望ましい結婚相手としての日本女性像は、表面上は正反対に見えるかもしれない。しかし、「声をかければかんたんについてくる」というイメージと「何も言わずにつくしてくれる」というイメージは、ともに日本女性から主体性を奪い、もの言わぬ他者としての従属的地位におとしめる点では同じ作用をなす。何を考えているかわからない、理解不可能な、けれど言いなりになる、時にエロティックな時にイノセントな、東洋の女――この幻想は、グローバル化の波を経て今なお色濃いと言わなければならない。そうしたイメージはもはや廃れたなどと言うには、インフォーマントたちが語る経験はあまりに苦い。

彼ら彼女らの抱いている昔ながらの traditional［伝統的］なイメージじゃないですかね。特に日本の女性は男に逆らわないとか。従順。そうですね、日本の女性は一言で言えば obedient［従順］。あと、しとやか、にこやか、みんな目が細い、よく働く。

（?歳、英語講師、スペイン在住一年・国際結婚）

たぶん従順だとおもってるとおもいます。っていうのは、何回か食事なんかで集まったりするときにね、talk back しない［言い返さない］とおもわれてる。私が「違うよ」とか意見を言ったりすると、「あれ、アジアの、日本の女性はそんなに強く意見を言わないもんじゃないのか?」って感じで。

（三六歳、主婦、アメリカ在住一・五年・国際結婚）

うちのプログラムの先生でも、日本に行った人が、日本の女性はかわいそうって言うの。自由がないし束縛されてて意見を言えなくて非常にかわいそうって。でも私としてはかわいそうって言われるとむかつくよね。外から見た日本人のイメージと私たちが内側からみてるイメージって違うとおもう。

（三五歳、大学院生、国際結婚・ハワイ在住四・五年）

私一回、パーティーで、人が飲み終わった缶とか集めてゴミ箱に入れたことがあって、日本だったら普通にやることだし、っていうかみんな当たり前のことだとおもうんだけど、こっちの男の子に「そんな奴隷みたいなことはしなくていいんだよ」とか言われてびっくりしたことが。そういうつもりでやったんじゃないのに、なんで？って。

（二九歳、大学院生、カナダ在住一年・ハワイ在住三・五年）

typical Japanese girl〔典型的な日本の女の子〕って言われるのはすごく腹が立つ。一回ドイツのお店で、男の人たちがグループでいて、紙ナプキンの入ったケースを倒したんですよ。それで私が拾ってたら、「放っておけ、ウェイターの仕事だから」って言われて、しかも「ああ、君もJapaneseだ」って言われて、むかーってきて。落としたのはその人なのに、私がみっともないみたいに言われて。

（二五歳、外資系企業勤務、ドイツ在住一・五年）

やっぱりそうだよ、言われたことあるもん。日本人の女だと家にずっといて家事して、一生家にいるんだろうって、言われたことある。すごいショックだった、そのとき。

（二七歳、国際的企業勤務、ニュージーランド在住一年）

さらにインフォーマントたちは、そうした偏向したイメージに反発を感じながらも甘んじるしかなかったという経験も語る。言語能力、教室および職場における地位の違いといった要因は、人種とジェンダーの階統に加えて、さらに女性たちを制約し彼女らの声を上げにくくする。

ほんとうに子ども扱い。でもそれは、私の英語力が、三一歳にしてその実力?って見られてるのもあるんですけど。まあ、英語では冷めた発言はできなくて、「わかんない」とか「どうでもいい」とかって言えないから、とりあえず常に明るくて元気なアシスタントで通してると、そういうふうに見られるんじゃないかなっておもいましたけど。

（三一歳、主婦、アメリカ短期留学・通訳アルバイト）

授業中に言われたことあるもん、日本人の女の人は特に、白人と結婚してかわいいハーフの子どもがほしいんでしょって。先生に「でしょ?」って言われて、「先生、それ私のことだとおもってんの?」って。授業中に言われてもう恥ずかしくって。「ノー!」っておもったよ、言わなかったけどね、授業だったし。相手は教授だし。

（三五歳、大学生、ハワイ在住二年）

一応仕事のうえでは成績をあげなきゃ、優秀だって言われなきゃっていうのがあるんだけども、やっぱりね、口答えをしないっていうのは求められるのね。日本人、日本人の女性だからっていうexpectation［期待］があるから。それはやっぱりあるみたいよ。で、そのとおりにやっぱりしちゃうわよね、職場でもあるし。

（五九歳、通訳・翻訳家、イギリス在住三年）

西洋社会が日本女性たちを一定の方法で「見る」とき、そのまなざしによって他者化された女性たちは一義的に「見られる」受動性のもとにおかれ、〈日本女性〉というきゅうくつな場所に追いやられてしまう。それは個人のレヴェルではどうしようもない固定化された枠組みで、彼女らの生の個別性や具体性を剥奪する暴力に他ならない。そしてこうした経験は、たとえ海を渡らずとも、〈日本女性〉としてカテゴリー化され得るすべての人びとがつねにさらされている危険性なのだということには注意が必要だ。グローバル化によって人びとが直接的に交流を始めればステレオタイプは消える、などという推測はナイーヴな幻想に過ぎない。実際の、直接の相互行為においてこそ、イメージは参照され利用され、いつもどちらか一方の身により重くのしかかる。

抵抗、例外化、適応

しかしここでもう一度私たちは、女性たちの怒りや悲しみや落胆に耳を澄ませてみよう。彼女らはたしかに「見られる」経験を、差別的で不当なものとして語るけれど、しかし同時にそのなかで、自らをまなざしの暴力に虐げられた無力な被害者として描き出すだけではない。前出の女性たちが憤りながら示す反発や、嘆きながら明かす実情を、それとして受けとめよう。たとえその場では言えなかったとしても、彼女らは、ステレオタイプの問題をインタヴューにおいて話題にすることで、「見る」者たちを告発し、批判している。

それはすなわち、彼女らが自らの経験を、西洋社会・文化における「抑圧」ではなく、〈葛藤〉

として語っているということだ。実際、インフォーマントたちは日常的な相互行為のなかでただ「見られる」だけでなく、日本女性として自らを「見せる」ことがある。相互行為のなかで繰り広げられる彼女らの自己呈示戦略を、〈交渉〉の過程としてみていこう。

〈日本女性〉のイメージに対して、日常生活のレヴェルで日本女性たちが採りうるもっとも効果的な方法は、その歪んだ像に直接的に働きかけることだと考えられる。偏見に対してはその非を論じるという「抵抗」の戦略に出るインフォーマントがいる。

「日本女性ってそうなんじゃないの」って、誰かが言ったりするよね、たとえば。言われたことないけど、「君もそうなんじゃないの」とか。そういうふうに言われたら、私は猛然と言うとおもうよ、違うって。だってそういう女性って言ってもそれは日本だけじゃないでしょって。

（三三歳、英語講師、カナダ在住一年・アメリカ在住半年）

そういう質問はよくされますよね、日本だとやっぱり女性が家事とかを中心にするの？とか。そういうイメージがあるとおもいます。そういうときには、昔はそうだったかもしれないけど、今は日本の女の人も活発になってきたから、外に出てる人は出てるって。

（二二歳、大学院生、アメリカ・オーストラリア短期留学）

より長期的なレヴェルで、抵抗を行う例もある。次のインフォーマントたちはそれぞれ、東京の外資系企業でトレーニングを受けた際の経験を、そしてアメリカ人研究者との国際結婚にまつわる経験を、こう話す。

ネイティヴの上司がトレーニングにつくんですけど、やっぱり男尊女卑とかあったのかもしれない、特に日本人で私みたいに小さくておぼこいと、なんでおれがこんなやつに教えなきゃいけないんだ、みたいな態度をとられたことはありましたよね。でも私としては、まあ当然ですよね、相手にしてみたら、経験も何にもないやつになんでっておもうのかも。そういうprejudice［偏見］がいいか悪いかは別として、そういう考えの人もいるんだなーって。でもその人もやっぱり、一年か二年くらいして仕事ができるようになったら別にそういうみくびった態度もしない。やればわかってくれるんだなっていう。

（三五歳、主婦、外資系企業勤務・アメリカ本土在住五年・ハワイ在住一年）

差別っていうのもあるとおもうのね。それは感じます。たとえば特に男性、まあ人にもよるけど、私が英語を話せるんだけど、私に直接聞かずに＊＊［夫］を通じて。私が直接答えられることでも＊＊［夫］を通すっていう。そのハンディキャップを感じるっていうことがあります。そういう人は、私のことをよく知ってもらえなければ理解してもらえないとおもうから。時間をかけてお友だちになる人もいるし。

（三五歳、カウンセラー、国際結婚・アメリカ本土在住一・五年・ハワイ在住五年）

さらに、地域のボランティア活動員としてアメリカ人留学生の受け入れを多く経験した次のインフォーマントは、ステレオタイプの主要な部分をなす「日本の主婦」像に修正を試みた、と語る。

うちでホームステイしてた子がびっくりしたのは、主人が私と買い物に行っても待たない、荷物も持たない。彼は私にすごく同情してくれてたみたい。食事の最中も「お茶」とかって言われると私もまだ食べ終わってなくてもお茶いれたりするでしょ？　すると「だいじょうぶ？」って。だから言うの、「こんなもんよ」って。「でも他では強いからねー」って。…ひとりの学生は、最初日本人の主婦がすごく奴隷みたいでかわいそうだとおもってたって。そういうのはもうはっきり、「誤解！」って言います、言います。私が言うとわかってくれるみたいだけど、やっぱりなって感じで。

（五一歳、主婦、国際交流ボランティア）

こうしてひとりひとりの日本女性が、国際交流のフロンティアに立つ、語学堪能で職能にも長けた、積極的で活動的な、選ばれし者たちが、ひとつひとつのイメージを正していけばステレオタイプは消滅する、と考える人は多い。日本女性がもっと抵抗すればいい、と。

しかしそれは、乱暴な議論だと言わざるを得ない。なぜなら第一に、すべての日本女性が国際的場面で強く自己主張したり相手に食ってかかったりできるわけではないから。それはなにも日本人は対立を避けたがるからとか日本女性は奥ゆかしいからとかいうことではなく、そもそも、〈日本女性〉という他者性のもとで声をあげることがすでに難しくされているからだ。

私たちの頃も、イエローキャブみたいなのはあったけど、でもほんとに一部だった。でも今はすごいでしょ、ハワイなんか行くとすぐに寄ってきて。いやよ、すごくいや。それは違うんだって、ことばができたら、それはもう言うわよ。

（四五歳、主婦、アメリカ語学研修・夫が国際的企業を経営）

言い返せる雰囲気だったら言い返すかな、友だちとか、お酒が入ってるときに、冗談っぽく言えるんだったら言う。でもそうじゃなくてけんか腰に言われたら言わないかもしれない。「そうだね」って。

（二七歳、国際的企業勤務、ニュージーランド在住一年）

最初はね、一生懸命言い返してた。片言だけど一生懸命言い返してた。違うんだってことは言いたくてしょうがないのよ。でもほんとうにわかってくれたのかなって、その、ことばの足りなさを感じて、それで途中でいやになっちゃって。あとはもう適当に流すように。

（二八歳、主婦、オーストラリア短期留学・英会話講師経験）

女性たちは、自らの置かれた場の、ジェンダーや人種の、そして地位や言語も含んだ複雑な権力関係のただなかで、発話や行為を迫られる。ステレオタイプ的な発言をされたらすぐに抵抗すべきだなどと、言うは易くても、そこには実際的な困難がともなう。外国人留学生を受けいれる機関に勤務する次の女性も、ステレオタイプには反発を覚えると言いながらも、具体的な場面を想定するうちに言い淀み始める。

でも私も言うのかな、言ってしまうのかな、外国人に聞かれたりしたら。「おとなしい」ってね。自分ではおもってないけどね、日本人女性のイメージって言っても、もう言えなくなってきてるしね。だって身の回りの人たちみてても、海外に行ってきて今でもばりばりやってる人とかしっかり自分をもってる人が圧倒的に多いでしょ。どうなんでしょうね、自分ではそうおもってるけど、ただ外国人がこういうのを求めてるのに、「日本の女性はそんなんじゃない!」って言うのは悪いっておもってしまうのかなあ。

（三九歳、国際的教育機関勤務）

たとえば国際交流という名のもとに、それも英語で相互行為が持たれるとき、そのつど抵抗を企てるのは思いのほか難しい。円滑な流れを遮って、友好な雰囲気を壊して、相手の言語で、ステレオタイプを直接的に指摘し批判することが、理念的に正しいと知っている、感情的にも望ましいとおもっている日本女性たちでさえ、そうできない背景がある。そのまったく同じ権力構造に〈日本女性〉イメージは根ざしているのであり、理想的とおもわれる抵抗の戦略は、かなりの程度ですでに封じられていると言えるだろう。

第二に、抵抗は「例外化」という事態につながる危険性がある。たとえすべての条件がそろって、ある日本女性が「そんなことはない」とステレオタイプに反発したとしても、そう強固に主張する彼女は往々にして、「例外的な日本女性」とみなされてしまう。今ここにいる彼女は違うかもしれないけれど、他の、大多数の日本女性は、やはりイメージどおりに違いない、と。〈日本女性〉ステレオタイプは、眼前の日本女性を排してでも維持されていく。

いっぽう、なかには自らが「普通の日本女性とは違う」ということを主張する「自己例外化」の戦略を採るインフォーマント、および他者がする例外化を容認してしまうかもしれない、というインフォーマントもいる。

「私は違うよ」ってまず言うでしょうね。私は違うってまず言うとおもいます。そういうふうに見られているのはいやなことじゃないけれども、私は違うっていうのはやっぱり言いたいですよね、実際に違うからね。

（三九歳、国際的教育機関勤務）

「日本の女の子ってこれこれだよね」っていうなかに私が入ってそうだったら、かなり言い返すとおもう。私が含まれていなければ言い返さない、そうだね、そうかもねって。日本女性一般っていうのは正しくないとはおもうけど、でもいい。別に、いい。

（二二歳、外資系企業勤務、アメリカ在住一年）

ここには注意すべきアイロニーがある。彼女らが、自分はおとなしくもなければ虐げられてもいない、自分は違うんだということを主張すればするほど、その背後には、おとなしくて虐げられた日本女性が大勢いる、ということを含意してしまう。そのとき、「見る」まなざしは、彼女らの自己例外化によってむしろ強化されてしまいかねない。自分だけを〈日本女性〉の外に置くことで、本人は自己イメージを守ることができるが、そのいっぽうで、「正しくない」と感じているかもしれない「日本女性一般」を放置することにもなる。その帰結に気づきながらも「別にいい」と感じてしまうほどに、彼女らに〈日本女性〉を被せかけてくる権力作用は強固にある。

このようなあきらめの感覚――繰り返し、女性たち個人の問題ではなくあくまでも権力作用の効果であるところの――は、インフォーマントたちに、もうひとつの戦略である「適応」を選ばせることがある。多層的に張りめぐらされた権力のあれこれと戦うのではなく、局所的に役割演技を行うことでその場をやり過ごす、という方策である。ステレオタイプを持っている相手に対しては、「ノーという回数を増やす、乗じられないように」と強く語っていた通訳・翻訳家の次の女性は、実は、そのあとでこうも言う。

細かいこと言えば、オフィスでやっぱり同じだけ、あるいはそれ以上のことをしてると思っても、コピーとる役とかお茶いれる役とかを、言われたからやるっていうよりも、むしろ自分からね、やるわけ。だから押しつけられてるとは限らないわよね、ただ向こうが私がやるのを expect してる［期待してる］んだろうなって、それで一回やるともう当たり前になっちゃうでしょ。そう思ってた方が便利じゃないですか。やっぱりそれは、こちらとしても楽は楽。

（五九歳、通訳・翻訳家、イギリス在住三年）

また、外国人も勤務する日本国内の国際的教育機関の職員である女性も、状況に応じて求められた役を演じている、と話す。

社会では不利でしょ、そんなの。特に社会に出たら、今のおじさんたちってなんでも「うん、うん」って言ってくれる子が好き。だからそんなのが得だから、損したくないから自分の態度でって。まあ演技をしてるんじゃないですかね。

（三一歳、国際的教育機関勤務）

毎日の仕事のなかで、人づきあいのなかで、「楽」な、「得」な、方法として、彼女らは〈日本女性〉を演じることがある。(4) 他者の期待を裏切ることも場の雰囲気を乱すこともないこの戦略が、日常的な場面で多用されることは想像に難くない。たとえそれが、〈日本女性〉を再生産してしまいかねない、危うい解決法だとしても。

このように、ステレオタイプ的イメージとの〈交渉〉は、一義的には、アイロニカルな過程だ。女性たちは〈日本女性〉としてカテゴリー化されることを避けたがるし、イメージを負荷されることも嫌うけれど、そのために様ざまな戦略を巡らせながらも、多くの場合、最終的にはそのカテゴリーやイメージの再生産に加担してしまいかねない。「例外化」や「適応」といったその場しのぎの問題解決は、彼女らの置かれた相互行為を安定させ、そのことによって彼女らを「見る」者の体面を守る。さらに女性たち自身も自らを、「日本女性らしくない特別な日本女性」あるいは「日本女性らしい好ましい日本女性」として「見せる」ことで、よりよい自己イメージを保つことができる。そうして自己と他者の間主観的意味世界は安定するが、しかし、同じ問題がまた生じてしまう潜在的可能性は消えない。次の日に、別の人に、異なる機会に、また〈日本女性〉を突きつけられてしまうかもしれない。その意味では、彼女ら自身にも益するところの少ない戦略だと言わざるをえず、そのことに無意識的ではないインフォーマントたちが、「もういい」と、「適当に流す」「あわせる」と嘆息するときの心情は察するに余りある。

パロディの戦略、不意の撹乱

しかし、日常的に生起する相互行為においては、これほど強固にみえる〈日本女性〉がぐらりと揺れる瞬間もある。第一に、女性たちが強調した行為の演技性に注目しなければならない。インフォーマントたちにとって重要なのは、眼前の他者、それも友人や同僚の外国人だけでなく、彼女らの話を聴いている社会学者である私も含めて、が、彼女らをただ従順でおとなしい日本女性だとみなさないということだ。そのために、たとえば先にも引用した国際的教育機関職員の女性は次のように付け加える。

私は普段全然言わないんですよ、ある程度言われても許してあげる。「はーい」とか言って、ぼけたふりしといてあげるんですけど、ここで言わないといけないってときは、すごいきちんと自分の考えてることをまとめて話すようにする。それも相手を選んで。

（三一歳、国際的教育機関勤務）

彼女は、ただ職階やジェンダーの重圧に負けておとなしくしているのではない。「許してあげる」、「ぼけたふりしといてあげる」のはあくまでも彼女であり、この語りのなかでは「見る」者たちのほうが彼女に従属させられているかのようだ。それは、予期される〈日本女性〉から完全には外れずともそれを茶化そうとする、パロディ化の戦略だということができるだろう。

自らの行為がもたらしうる衝撃を、女性たちはじゅうぶんに意識している。先に「子ども扱いされる」と話していた通訳アシスタントの女性、さらに「日本にいるときのようにはなかなか自分を出せない」と語る別の女性は、次のようなエピソードをそれぞれきわめて明るいトーンで語る。

うん、もうしょうがないですよね、それにどんどん歳とってくると、幼く見られてもそれはそれでいいじゃないって。図々しいおばさんになってきて。だって日本人なんだものって。たまに、日本語でおばさん口調で驚かせたりしてね。

このあいだもね、パーティーのときにアメリカ人の男の子と話してて、私が彼に突然、〝You know what, your stories suck.［あのさあ、あんたの話つまんないんだけど］〟って言ったの。もう、大爆笑。それまでその彼はあまりわかってなくて、そんなに親しい仲でもなかったから、ちょっと私をかばってくれるぐらいの、日本のかわいらしいおとなしい女の子って感じだったのが、それから態度が変わっちゃって、「よう、姉さん」って、コメディアン扱い。ちょっと変わってきました。

（三六歳、大学院生、英米短期留学・ハワイ在住一年）

幼い、かわいい、おとなしい、といった偏見に対して、彼女らは「それは間違っている」と直接に反駁したわけでは決してない。しかし彼女らは意図的にせよ非意図的にせよ、違った口調で話してみせたり汚い言葉を使ってみたりすることで、他者の――それを目撃した西洋人男性たちだけでなく、聴き手である私の、そして読者であるあなたの――認識に揺さぶりをかけている。さらには、かわいくて補佐的な日本女性の姿を、あえてポジティヴに強調してみせる、と話す女性もいる。

いわゆる社会的な、日本女性の立場ってどうなのってよく聞かれる。やっぱりこういう秘書の仕事をしてると、このセクターには男性はいないの？って。そしたら「女性の力を活かしてるの、日本女性っていいでしょ」って言ったりとか。私はかまわないです、日本女性らしいねーって言われても、そうよ、私は日本女性よって。でも、

「日本の女の人はずっと家にいるの？」って言われたら、「女社長とか女性部長もいるのよ、すごいんだから、知らないのぉ？」って冗談っぽく、わざとかわいく。

（二六歳、秘書、アメリカ短期留学・英会話スクール受講）

ここでもまた、今見えている「かわいい」日本女性の姿がすべてではないことが、パロディのかたちで、状況の許容範囲のなかで、間接的にではあるが、伝えられている。女性たちは自らを一貫しない、複雑な様態で示してみせることで、〈日本女性〉が薄い表面上の膜でしかなかったことを明らかにする。その表皮を、完全に脱ぎ捨てることは不可能でも、彼女らはその下に別な誰かが潜んでいることを覗かせてみたりする。そのときの彼女らの誇らしく力強い語り方を、私たちは無視するわけにはいかない。

あとアメリカ人の教授とかにも、「もっとaggressive［積極的］にならないとだめ」って言われたから。「自分の殻に閉じこもっているようじゃだめ」って。そういうのは傷つきました。自分ではそうおもってないのに、やっぱり日本の女の子で弱く見えるのかなって。でも、今回受けたインタヴューはそうでもなかったんですよ。女性ふたりのインタヴュワーで、私が経験ないっていうのはresume［履歴書］みてもわかってるから、意欲があるかどうかだけを見てもらえて、aggressiveのこととか何も言われずに。その日の夜に、「気に入ったから雇う」って。問題にならなかったですね。

（三〇歳、大学院生、アメリカ本土在住半年・ハワイ在住一年）

〈日本女性〉との交渉過程は、以上のように、その帰結を一定視することのできないものだ。抵抗しても例外とみなされてしまうかもしれないし、あるいは適応してみせてもそれが演技だとあとで舌をだしてみせることができる。だから、とある戦略だけを賞揚したり忌避したりすることは意味をなさない。女性たちがもがきながら進む、切り抜けたり掛けあったり、あるいはそうできなかったりする瞬間に見え隠れする、彼女らのエイジェンシーに目をやらなければならない。

さらにここで私たちは、ステレオタイプについても再考することができる。ウォルター・リップマンが最初に定式化したそれは、「ステレオタイプの体系は、秩序正しい、ともかく矛盾のない世界像であり……そうした世界では人も物も納得のいく場所を占め、期待どおりのことをする。この世界にいれば心安んじ、違和感がない」（Lippmann 1922=1987: 130）と、固定的で静態的なものであった。それに対し、〈日本女性〉というカテゴリーとイメージの体系は、権力の網の目のなかに埋めこまれていると同時に、「見る」者と「見せる」者とのあいだのせめぎあいにさらされてもいた。したがって、それは、つねに相互行為的に、構成され再構成されていくものに他ならない。(5) 言い換えれば、「見る」者の問題としてばかり捉えられてきたこの問題に、「見られる＝見せる」者の関与を組みこむことで、ステレオタイプや偏見という問題をより動態的に捉えなおすことができる。〈日本女性〉を構築するのが日本女性自身でもあるという事実に、私たちは、その再生産の危険性と変動の可能性の両方を確かめることができる。

6 どこからどこへ？――葛藤と交渉のストーリー

抑圧から解放へ、あるいは抑圧から抑圧へ、という、国際的な日本女性たちがたどるとされているこの直線的な軌跡には、どれも大きな疑問符をつけておかなければならない。日本社会・文化において経験されるとされている「抑圧」については、女性たちはそれがあることを認めながらも服従してはいなかったし、西洋社会・文化が可能にするとされている「解放」については、懐疑的にならざるを得ない厳しい現実を彼女らは語っていた。それはつまり、日本と西洋のどちらがより自由だとか平等だとか言うことはできない、という簡明な事実を意味している。それぞれの社会において置かれた位置によって、それぞれの社会の内部にある複数の序列や格差の体系によって、そしてさらにそのつど女性たちが出会う場面や他者によって、「抑圧」や「解放」は経験されたりされなかったりするものだから。それぞれにしんどくてそれぞれに楽な、女性たちのアンビヴァレントなリアリティ――単純化されたストーリーのなかでは捨象されてきた――がある。

振り返っておこう、女性たちが日常的な相互行為のなかで、具体的な他者とのあいだで繰り広げる〈交渉〉は、まず、女性を一義的に補助的な労働力とみなす日本企業社会での経験において、さらに、彼女らを性的なおよび／または隷属的な他者としてまなざす西洋社会・文化内部での経験においても、顕著に語られていた。しかしそれぞれの〈交渉〉が、どれだけの効果を持ったかを測ることは難しい。事実、女性たちの日々の行為や発話を、「見る」側がどのように受け取るかを操作することはできないし、「抵抗」する日本女性は「例外」と、「適応」してみせる日本女性は「典型」と、みなされてしまうことのほうが多いとも考えられる。坂本佳鶴恵が言うように、眼前で繰り広げられるパフォーマンスのどれを認識しどれを無視するかを決めることができるのは、やはり「見る」者のほうでしかないから――「読み取り側は、なんとか既成の解釈図式にはめこもうと試みる。個としてのこうした撹乱の抵抗は、最も成功したときでさえ、理解不能なものとして忘却されるだけではないか」（坂本 2005:210）。女性たちの微細な〈交渉〉には、たしかに、ラディカルな効果はそれほど望めないかもしれない。

しかし少なくともインタヴューの場において、聴き手である私に対して、彼女らが自らを犠牲者や服従者ではなく〈交渉〉する者として、そして、その人生を抑圧や解放ではなく〈葛藤〉のストーリーとして描きだしたということに、私たちは最大の関心を置こう。第一に、私たちが聴いてきたのは、女性たちの達成感や満足感を含む誇りのナラティヴだった。抑圧的状況や差別的構造を遠景に押しやるように、彼女らを見下したり誤解したりする他者を撥ねつけるように、彼女らの語りは紡がれていた。そこに含まれる彼女らの力強さは、たとえ実際の相互行為状況においては「理解不能なものとして忘却される」ものだったとしても、私たちがこうしてここに汲みなおすことができるはずだ。

第二に、女性たちの語りだしたライフ・ストーリーは、「抑圧から解放へ」というドミナント・

ストーリーと、齟齬をきたすものであったことも忘れてはならない。シリア・キッツィンジャーとアリソン・トーマスがセクシュアル・ハラスメントの被害者たちのナラティヴ分析において明らかにするように、「あまりにもはっきりと、痛々しいほどに、抑圧を印づけてしまうラベル」を被害者女性たちは——そして私たちの誰もが——厭う（Kitzinger and Thomas 1995:38）。女性たちが「私はセクハラなんか受けていない」と言うのは、彼女らが家父長制に洗脳されており意識向上を必要としているからではない、「自分が置かれた状況を変えることはできないが、女性たちは自らのことばでその状況を定義し主張することでわずかなちからを手に入れるのである」（ibid.）。日本女性が、〈日本女性〉に沿わないかたちで自らを語ったというその事実こそが、できあいのラベルをその身から引き剥がしてみせる、もうひとつの力強さを示唆している。

私たちはここまで、根強いオリエンタリズムとセクシズムの作用を、〈日本女性〉の置かれた従属的で拘束的な位置を、確認してきた。と同時に、そうした〈葛藤〉状況に置かれた女性たちを、日本にも西洋にも安楽の地を見出すことのできない彼女らを、かよわくはかない蝶々のイメージで捉えることを私たちは強く拒否する。女性たちが自らのことばで語るのは、彼女らが複数の層において繰り広げる〈交渉〉の過程であり、そこにこそ、彼女らのエイジェンシーは発現する。時に意図的な時に偶発的な、その危ういけれど確かな攪乱に、女性たちのリアリティを感じることができるはずだ。

註

（1）実際こうした議論は、厳密に検証されることなく、印象論のレヴェルで登場することが多い。日本からのオーストラリア移住者のあいだでは男性に比べて女性のほうがだんぜん元気がある、と述べるマチコ・サトウは、「それは、統制が厳しくて特に女性に拘束的だと彼女らがよく言う日本社会を離れることで、彼女らが一般的に解放感を経験するせいもあるだろう」（Sato 2001:5）と推論するし、ジュンコ・サカイにも「職場の環境と家族の束縛に対する幻滅が……海外へ行き英語を学び、女性が差別されにくいと彼女らの信じる場所でよりよい職に就こうとする日本女性の動機づけになっている」（Sakai 2000:214）という記述がある。

（2）ケルスキーのこの立論は、彼女独自のインタヴューによるとされていると同時に、メディア言説にも根拠を置いている。このように異質のデータを混用することの問題は指摘するまでもないが、雑誌や本が掲げるメッセージをリアリティの反映として捉えることはナイーヴであり危険でもある。

（3）在外日本人によって形成されるコミュニティについては、Goodman, Peach, Takenaka and White eds. 2003、岩崎・ピーチ・宮島・グッドマン・油井編 2003 が詳しい。

（4）酒井千絵もまた、香港の日系企業で働く日本女性たちに同様の「ジェンダーの戦略的利用」を見取って言う、「移住者は日本を離れることによって、日本的なジェンダー関係から距離をとろうとするが、同時に、日本的とされる女性性を受け入れることで、日系企業社会に一定の地位を占めているのである」（酒井 2007:88）。

（5）同様に、ロバート・ブラウンは「偏見」について、それは人と人が交わるうえでの推論として、暫定的仮説として機能すると同時に、第一に「静的な現象ではなく、変化する」ものであり、第二に「一義的で固定した概念ではない」と強調する（Brown 1995=1999:212）。また、ステレオタイプ研究の多くが実験室状況で人びとが言うことに根拠を置いてきたことを批判するスーザン・コンドーは、「日常生活における具体的な社会的な出会いにおける、カテゴリーとステレオタイプの構成と交渉」すなわち、「ステレオタイプのプラグマティクス」を分析する必要性を喚起している（Condor 1990：239）。

第五章 〈日本女性〉のアイデンティティ・ナラティヴ

ゆらぐ軸、ねじれる意味

言説権力への抵抗とは、かつて存在しえなかったものを存在しなかったと語るしかないこうした不徹底さのなかで、アイデンティティを構築する言語自体の脆弱さとしてわずかに示されるのにすぎない。

小平麻衣子『女が女を演じる　文学・欲望・消費』

1　「日本女性らしい」「日本女性らしくない」？

女性たちがこれまでに経験してきたこと、今体験していること、そして将来に予期していること、それはたった一時間半ほどのインタヴューのなかで言い尽くされることでは決してない。女性たちはインタヴュワーである私からの要請に応えて、人生のなかのいくつかの要素に焦点を当てて語ったが、日本社会・文化から西洋社会・文化へとひとつの共通の軌道を描くようにみえる彼女らの経験は、しかしながら、その内部に看過しえない複雑性と多義性を含んでいた。さらに本章では、そうした語りのなかから立ち現れてくる日本女性たちのアイデンティティを考えていく。

自己を語るとき、その語彙は真空のなかから出てくるのではない。私たちは社会的文化的意味の体系のもとに自らを表すことで初めて、他者にとって理解可能な誰かになることができる（Shotter 1989)。「日本の女性のお話を聞きたくて」と話しかけてくる社会学者をまえに、日本女性たちは〈日本女性〉という制度化された語彙を、そこに含まれる「日本女性らしい」「日本女性らしくない」という軸を、参照せざるを得なくなる。女性たちは自身を〈日本女性〉に近づけたり遠ざけたりしながら、アイデンティティ・ナラティヴを編んでいくことになる。

そのとき、たとえば「私は日本女性などと呼ばれたくない」と、場の要請を拒絶して抵抗の戦略に出ることは、第四章でも論じたように、不可能ではないが困難だ。しかしそのことは、インフォーマントたちがただ従順に求められるとおりに〈日本女性〉を行ったということを意味しない。彼女らが海外に移る契機となった個人的なできごとを明かしてみたり、ふだんの見せかけの裏に潜む別の自分を覗かせてみせたりして、予期されているプロットから外れる場面に、そしてそうすることで「抑圧から解放へ」のモデルから逸れる瞬間に、私たちは遭遇してきた。女性たちのアイデンティティ・ナラティヴもまた、〈日本女性〉という軸を中心に回転しながら、じょじょにそこからずれていく、そして最終的にはその軸自体を揺るがしてしまうようなものとして捉えることができるだろう。それは、ロッシ・ブライドッチが「女になること becoming-woman」について言うように、社会的想像を基準点としてなされると同時に偶発的な過程である――「それは流動的であると同時に粘着質なもので、動いていくなかで定着してもいく」(Braidotti 2001:384)。

したがって本章の問いは、ひとりひとりのインフォーマントが日本女性らしいのかららしくないのか、とか、どの程度日本女性らしくてどの程度らしくないのか、とかいうことではない。私たちは、女性たちが〈日本女性〉に準拠して自身を表そうとする、そのなかで〈日本女性〉をパフォーマティヴに再構築する、アイデンティフィケイションの動態をみようとしている。ヴィッキー・ベルのことばで言うならば、「パフォーマティヴィティは、流動的で常変のアイデンティティを意味するわけではない。むしろ、アイデンティティを強調することが、アイデンティティの一時的でパフォーマティヴな性質を理論的前提とし、アイデンティティがいかに創られ続けており、効果的に情熱的に表出され遂行され、どのような社会的政治的帰結をともなうのか、ということを問う必要がある」(Bell 1999:2)。「日本女性らしい」とか「日本女性らしくない」とか「日本女性としての私」とかいうことばを使うなかで、日本女性たちが〈日本女性〉を時に利用し時に棄却し、そうするなかで異なる、さらには正反対の意味あいを付与していく過程をみていこう。そこで現れる女性たちのアイデンティティは、均一で斉一な、確かな、不動のものでは決してないけれど、女性たちが私を眼前に、そのとき限りであったとはしても、つくりあげた自己であることに変わりはない。その政治をみていこう。(1)

2　いくつかのアイデンティフィケイション――〈日本女性〉をなぞる

女性たちが自らを日本女性として語るとき、そこには不可避的に「日本女性らしさ」という共通の語彙が浮上する。私が、日本女性が国際的場面で経験することに興味があって、とインタヴューを切り出すとき、インフォーマントの多くに共通するふたつの謙遜の表現があった。ひとつには、自分のありきたりな経験なんて研究の参考にならない、という反応、そしてもうひとつには、自分は日本女性としては特殊すぎてよいサンプルにならない、という反応である。前者は日本女性らしい「典型的日本女性」という、後者は日本女性らしくない「例外的日本女性」というアイデンティフィケイションだ。この、「典型的」と「例外的」というふたつの極は、英語圏の日本女性研究者が用いた「伝統的」と「革新的」というふたつのカテゴリーに対応する。日本女性自身もまた、日本女性について語るときには、類似の枠組みを援用している。あたかも、自己であれ他者であれ、とある日本女性について話すときには、まずこのふたつのカテゴリーのうちどちらを利用するかを決めなければならないかのように。

「典型的日本女性」、「例外的日本女性」

まずは「典型的日本女性」であると自己定義する女性たちに焦点を当てよう。専業主婦や一般職

OLといった「日本女性らしい」とされる経験を持つインフォーマントたちは、ここに自らを含めることが多い。しかし彼女らの多くは、単調なルーティンや補佐的な仕事、従属的な地位に拘束されながらも、いったん職場を離れれば、あるいは職場の内部においてさえ、時間的・金銭的・精神的自由を謳歌することができた、という肯定的な語りを展開していたことを思い起こしておこう。

さらにいくつかの例を引こう。

でも私なんかは主婦を悪くおもってないのね。家庭があって子どもがいて、夫もそれなりに仕事してくれてて、自分の余暇を楽しんでいられるし、だから不満っていうのはない。…私はもう普通の主婦の世界にどっぷり浸かっちゃってるとおもうわよ。まあストレスとかっていうのは、やっぱりね、ないわよ、全然。

（四五歳、主婦、アメリカ短期留学・夫が国際的企業を経営）

確かにお茶汲みはしてた。今おもうと男女差別だよね、あれ。でも私、ほんとうに疑問を持たないタイプで。でも女性中心のオフィスに務めたりしてたから、別になかったかな。あんまりいやとかって感じたことはなかったかな。……私はもうきっと、ほんとうに典型的な専業主婦だったとおもうんだけど。今おもうとあの時間も楽しかったんだけど。お昼はお母さん友だちのところに交代で行って遊んで、たまにランチで出かけて。ほんとうに典型的な、今おもうと。楽しかった、それが。

（三五歳、大学生、アメリカ本土短期留学・ハワイ在住二・五年）

興味深いのは、この「日本女性らしい日本女性」のカテゴリーに自身を含めるインフォーマントのなかには、日本の内外で国際的な教育を受けたり高学歴を積んだり、あるいは就職や結婚を通して海外移住を果たしたりと、一見すれば「例外的な」経験を有する女性も多いということである。実際のところ、前出の女性たちはどちらも語学に堪能で、それぞれ、外国人の従業員も多い夫の会社を手伝ったり、結婚後にアメリカの大学への留学を果たしたりしている。

また、自らを「伝統的日本女性」と形容するインフォーマントもいる。彼女らは、日本の伝統芸能や文化的価値に深い思い入れを示し、自らの「日本女性らしさ」は美徳であり、さらには「無意識にやってる」「自然に身についたこと」とさえ言う。たとえば十代で日本を発ちその後アメリカ人と結婚した女性、そして夫の海外駐在で英語圏に暮らしその後は日本の国際交流機関で働く女性は、それぞれ次のように言う。

自分を？　私はね、割と、日本人ってみんながこうだっていうと、ああそうだそうだってなるじゃないですか。典型的なタイプだとおもうんですよ、私って。自分がないっていうか、なんていうか、アメリカの人とかってしっかり自分の意見を持ってるっていうのありますよね。でも私はそういう感じじゃないんですよ、ずっとアメリカにいた割には。

（三一歳、会社員、国際結婚・アメリカ本土在住六年・ハワイ在住三年）

私はどちらかというと、うん、まだ典型的な方で、決まりきったレールってあるじゃないですか。平凡だけどそこからはみ出さなければ周りに奇異な目で見られずに済むっていう。そこから外れられない自分っていうのがありますね。…いや、でもどちらかっていうと楽ちんですよ。男性だったら年を重ねると責任重大になってくるじゃないですか。それに比べたら気楽。後悔しちゃうかもしれないけど、今楽しければばってことで。

（三四歳、主婦、シンガポール在住三年・国際交流機関勤務）

彼女らの経歴だけをみて、国際的場面で活躍する、おそらくは西洋的価値を身につけているだろう「例外的日本女性」のイメージを抱く聴き手や読み手は、こうした語りに動揺や混乱を感じざるを得ない。

こうした「典型的日本女性」および「伝統的日本女性」の他方には、自らを「例外的日本女性」「革新的日本女性」と呼ぶ多くのインフォーマントがいる。彼女らは、日本人と外国人の両方を含む他者から、普通の日本女性に比べて、率直だ、個人主義的だ、気が強い、社交的だ、などと性格上の特質を指摘されたことがあると語る。

なんか性格がきついって、strong character［個性が強い］とかって。そう意外と気が強いのかもしれない。日本人って引っ込み思案ってイメージがあるとおもうんだけど、私は人見知りも全然しないんで。

（?歳、英語講師、スペイン在住一年・国際結婚）

カナダにいて半年後ぐらいに、日本人の男の子に変わったねって言われた。日本人からするとassertiveな［自己主張が強い」んだろうけど、でも向こうの人からしたらそのほうがいいよって。そういうところはほんと、日本女性らしくないほうがいいんじゃないの、これからはって。

（三三歳、英語講師、カナダ在住一年・アメリカ半年）

こうした「日本女性らしくない」という他者からの評価は、何人かのインフォーマントにとっては喜ぶべき事態である。

やっぱり日本女性のイメージって、そのシャイとかなんとかかんとかっていうのは自分はいやだとおもってるから、そうじゃないようにしてるから、だから typical［典型的］じゃないって言われると嬉しい。それは絶対ありますね。

（二五歳、外資系企業勤務、ドイツ在住一・五年）

うん、あっちの男の子たちが言ってたのは、日本女性ってあんまり考えてない人が多いって。…私はそれとは違うって言われるのは、マイノリティのほうがいいので、良い、と。みんなといっしょっていうのはやっぱりね。勝手に褒められたと思ってますけど。

（三一歳、国際的教育機関勤務）

あ、私、言われたことある。それで私、outgoing［外向的な、積極的な］ってことばを覚えたの、ローカルの子に、outgoing だねって言われて。私、最初わがままだって意味だとおもったわけ。ネガティヴな意味だとおもって、やばいっていう気持ちでいたの。そしたら、辞書に積極的なって載ってて、ほおーって。

（三三歳、経営者、ハワイ在住一年）

私はすごくオープンだから。とってもシャイで、closedで［心を閉ざしていて］、引っ込み事案でっていう、そういう日本女性に比べて、私はすごくフレンドリーでオープンだっていうふうにね、よく言われる。そうすると嬉しいっていうか、ああそう、みたいな。まあ嬉しいの方が強いかな。

（四八歳、看護師、ハワイ在住四・五年）

「例外的日本女性」と言われることを「嬉しい」「褒められた」と感じるインフォーマントがいるいっぽう、帰国子女であり、留学生との交流の多い大学院生でもある次の女性のように、他者からの「例外化」を問題視するインフォーマントもいる。

留学生で日本に来てる人たちだと、「日本の女の子はみんなすごい似てて、話しかけるとあいまいな笑顔で、面白みがない」って言ってた。でもね、私に話すときは、〝Well, you are not like that.［まあ、君は違うけどね］〟ってことで話してくる。褒め言葉のつもりだとおもうんだけど、その子たちは帰国としか友だちにならないから英語しか話さなくて、日本語もうまくなんないの。それで、そういう帰国の子たちのことをバナナ・ガールズって呼んでて、外見はイエローなんだけど剥くとホワイトって意味。それも褒めてるつもりらしいんだけど、あんまり嬉しくはないわけだから。

（二三歳、大学院生、アメリカ三年在住・イギリス四年在住）

さらに、なかには、自らが「日本女性らしくない日本女性」であることをネガティヴに捉えているインフォーマントもいる。言語能力や職業や滞在資格のうえで問題なく海外生活を送っている、「国際派日本女性」とも呼ぶべき女性たちのなかに、こうした感懐が聞かれることは興味深い。

うーん、typical Japanese girl［典型的な日本の女の子］ではないっていうのは、よく言われすぎててわからないですね。自分の意見を言うっていうことでは、自分でtrainした［訓練した］ところもある。やっぱりセミナーとかに出るとしゃべらないとだめだし、クラスのなかでは私が日本人でもなんでも構わないから、しゃべらない人はいないのと同じ、みたいな。だんだん、いやなやつになってるとおもう。ほんと、だんだんいやなやつになってる。

（三八歳、大学院生、ニュージーランド在住一年・ハワイ在住五年）

たぶんね、自分の考え方というか、日本にいる友だちとかと自分を比べると、まず感じるのは、自己中心的。たとえば、日本を離れるって決めたときも、友だちが言うには、両親とか家族のこと考えたことある？って。私は実は考えたことがなかったの。自分の人生だから自分のやりたいことをやる。そういうところが違うかなってもった。だからたとえば、日本って周りとの関係、人間関係、みたいのがあるでしょう、そういうのが欠落してる。日本人的な人間関係のつくり方。

（?歳、大学院生、アメリカ本土在住三年・ハワイ在住一年）

やっぱり、日本女性っていうのは feminine［女性らしい］なんじゃないかな、それは私はすごくいい feminine さ［女性らしさ］だとおもうんですよ。女性らしさっていうのかな。アメリカの、ラディカルな人たちは、男と同じになるっていう。女性らしさのいい部分が欠けちゃってるとおもう、優しさとか。あと、気を使う。日本人の女性は気を使う。でも、強い部分ももってますよね、日本女性。…私もね、なるべく人に気を使うようにはしてるんだけど、私には欠けてる部分がある。そういう女性を見て、私もそういうふうにしたいなって目覚めさせられる。

（三五歳、カウンセラー、国際結婚・アメリカ本土在住一・五年・ハワイ在住五年）

日本女性にとって「あこがれ」であったはずの、西洋的なコミュニケイション・スタイルやパーソナリティが、ここでは「いやなやつ」「自己中心的」と称され、「欠落している」「欠けてる部分がある」と否定的に評されていることに注意しよう。ここにおいても女性たちは、西洋にあこがれてふわふわと飛ぶ蝶々の姿を見せない。

と同時にここで興味深いのは、インフォーマントたちが用いる語彙のなかに英語のままで用いられる表現が多く含まれているという点である。これは個人の語学力の差に関わらず、インタヴューのなかで顕著に現れた事態である（実際、前出の例には語学学校に通っている女性から、英語を使って仕事をしている女性まで含まれている）。重要なのは、「strong character」「assertive」「outgoing」といった語が、日本語の訳語とは別のものとして捉えられており、そのため、彼女らは自己を語るうえで英語という他者の言語に頼らざるを得なくされている、ということだ。「はっきりとした性格」

とか「自己主張が強い」とか「社交的」とか「積極的」とかとは別な何かを、彼女らは英語という明らかに権力的な言語によって自身のなかに見出されている。そうした他者からの特徴づけを喜ばしいものとして受け入れる女性がいるいっぽうには、それをたとえば「自己中心的」「気を遣わない」と言いなおすことで撥ねつけようとする女性もいる。西洋的価値と言われるものへの、日本女性たちのアンンビヴァレンスがうかがわれる。

二元論の罠

このように、「典型的日本女性」「伝統的日本女性」と「例外的日本女性」「革新的日本女性」という軸のまわりでは、価値の逆転も生じている。国際的経験を有する日本女性たちが、日本的価値と決別し西洋的価値を身につけるようになる、などという想定は妥当ではない。むしろ、女性たちは「典型的」な生活スタイルを肯定的に振り返り、「伝統的」な文化や価値に愛着を示し、そのいっぽうで「例外的」で「革新的」であるはずの個人主義や自己主張の強さに否定的感情を表してもいる。苦心の末に現地コミュニティで安定した地位を築いた女性が、その自分を「やなやつ」と呼んだり、英語を武器に世界を駆け巡る女性が自分も日本女性らしい社会的スキルがほしいと語ったりするとき、「日本女性らしさ」は古くさいイメージなどではなく、むしろ理想的なものとして立ち上がってくる。さらに、思春期をアメリカで過ごし今では永住権を持つ女性が自分は他者依存的だと語るとき、そして海外で人並みはずれた学歴を積み重ねる女性が自分の遠慮深さを「無意てくる。

識」とか「自然」とか言うとき、「日本女性らしさ」は日本女性の本質であるかのようにさえ見え

英語圏の日本女性研究が陥ったのと同じように、この「典型・伝統」と「例外・革新」という二分法には罠がある。そこで前提とされているのは、「日本」と「西洋」といういびつでありなおかつ排他的な二項対立の枠組みに他ならない。事実、インフォーマントたちが「和」とか「甘え」とか「集団主義」とかいう日本文化論の語彙を用いることもある。

日本人の子はけんかなんてしたことないから、だからおとなしいっておもわれるのかなって感じたりしましたよ。ことばができないっていうのもひとつあるけど、あんまり重要なウェイトは占めてない。やっぱり民族的に割とおとなしい気がする。

（二六歳、会社員、オーストラリア在住一年）

私は今までは、今はどうかわからない、でもまあ今もかな、甘えの権化というか。今まで生きたなかでいうとほんとうに、甘えbeing。それはね、計算だけでもないとおもう。条件反射ぐらいの。脊髄で反応してる。だってそういうことで期待されて育ってきてるから。

（三六歳、大学院生、英米短期留学・ハワイ在住一年）

で、三年住んでおもったのが、アメリカ人は強いとかよく言うじゃないですか、あの意味がわかった、強くない

と生きていけないっていうか。必然的に強くなるんだって、そういうところが人に甘えてない。日本の文化自体が依存してる、依存心強すぎるんですよね。自分でも依存心強すぎたって。だから今は克服しようとおもってるけど。

（三七歳、看護師、ハワイ在住三年）

「民族的・文化的に異なる日本と西洋」という枠組みのなかに自らを浸すことで女性たちは、別の状況においてはステレオタイプとして自身に降りかかってくることになる権力構造を助長してしまいかねない(2)。なぜなら、女性たちの主張する「忍耐強くて優しい日本女性」は、かんたんに、「意見がなくておとなしい日本女性」、さらには「言うことをきいてくれる日本女性」そして「すぐについてくる日本女性」にすり替わってしまうから。「日本女性らしさ」という中身のあいまいな表現を繰り返し使うことで、日本女性たちは自らを望ましい姿に描きだすことができるけれど、その返す刀で、その虚構を実体化させてしまう。きれいになぞられた〈日本女性〉には、別の文脈で、今度は彼女らを拘束し抑圧する力があるというのに。

3　いくつかのディス／ミス－アイデンティフィケイション
——〈日本女性〉をねじる

しかしながら私たちは、「典型的・伝統的」と「例外的・革新的」という図式が、研究者である私によって抽出されたものであり、女性たちの語りのすべてを汲みつくすものではないということにも気づかなければならない。インフォーマントたちの語りにもまた、オリエンタリズムとセクシズムによって成りたつ〈日本女性〉の枠組みが潜んでいること、そしてその問題性や危険性を確認したうえで、さらに、女性たちが語りだすアイデンティティの深部へと歩を進めよう。

超越する、混淆する、流動するアイデンティティ

まず、「典型的・伝統的」と「例外的・革新的」のどの語彙も拒否して自己呈示を行おうとするインフォーマントがいる。次の女性たちは、それぞれ「インターナショナル」および「トランスナショナル」という別のカテゴリーに自らを位置づけることで、自らが「典型的・伝統的」「例外的・革新的」などという軸を超えた存在であることを強調する。

だから、もう、インターナショナルな人間でありたいってすごくおもってる。自分が日本人であるっていうアイデンティティももちろんあるんだけど、インターナショナル的な感性を持った女性として生きたいなっていうふうにおもう。今はすごくね、女性も海外にもいっぱい出てるし、鎖国でもないし、これだけグローバルになったらね、生まれは日本であって日本の文化的なところをおさえとかなければいけないけど、やっぱり海外との交流のためにも、アメリカもよく知らなければいけない、両方を知りながら。そのかわり私は日本人であるっていう

アイデンティティはしっかり持ってる。しかしそれをすごく固持しない。で、ありたい、とおもってる。

（四八歳、看護師、ハワイ在住四年）

私がアメリカで勤めるときに、そこのいちばん上の人に、「どれくらいアメリカ人っぽいんですか」って聞かれたのね。それってすごい難しい問題で、私は日本人だけれども、じゃあ平均的日本人かって聞かれたら違うとおもうし、じゃあどこまでアメリカ人かって聞かれたらわからないし。じゃあ私は何にしようかなとおもって、じゃあ、＊＊［所属している宗教団体］です、って答えようとおもって。それは地球市民っていうアイディアだから。ナショナリティを乗り越えていきたいとおもう。

（三五歳、カウンセラー、国際結婚・アメリカ本土在住一・五年・ハワイ在住五年）

こうした第三のカテゴリーは、しかしながら、すべての問題を免れているわけではない。上で引用したひとりめの女性はしばしば、「外見もきれいだし、お話は上手だし会をまとめる力もあって、なんてすてきなんだろうって、女性ってやっぱりこうあらなきゃねって」というアメリカ人女性と、「お洋服にしたって姿かたちにしたって、全然センスがなくてぐちゃぐちゃのを着てたりとかね。ことば遣いにしても、女性としての仕草だとか、その頃の若い二〇代の私からしたらね、学ぶところがなかった」という日本人女性を対比し、彼女が理想とする「インターナショナルな女性」を前者により近いものとして示している。さらに、「ナショナリティを乗り越えていきたい」と語るふたりめの女性も、彼女を困らせた「あなたはどれくらいアメリカ人っぽいのか」という質問——きわめて乱暴な、それ自体が日本人である彼女をマイノリティとして見下げるような――に直接的に働きかけることはできない。注意すべきは、「インターナショナル」「トランスナショナル」そして「コスモポリタン」といったアイデンティフィケイションは、第一に中立ではあり得ないし、第二に、今ある権力構造に挑戦するものではない、ということだ。女性たちは自らを一時的に、たとえばインタヴュワーの前では、超越した安全圏に置くことができるかもしれないけれど、「日本女性らしさ」の言説が渦巻く現実を放置してしまうという点では、先述のアイデンティフィケイションと同様の問題を含んでいる。

この限界は、カレン・ケルスキーがもっとも強調する点である（Kelsky 2001）。国際的日本女性たちが「コスモポリタン」としての自己を固持すればするほど、それはナイーヴにオリエンタリズムを賞揚することに他ならず、そうした言説のなかでは「西洋」が平等と解放を、「日本」が抑圧と従属を意味し続けることになる、と彼女は言う。ケルスキーはさらに、日本女性たちが呈示する「ハイブリッド・アイデンティティ」に注目する。

［日本の女性たちは］自己呈示を選択しながら異なるアイデンティフィケイションのあいだを軽がると移動した。それはまるで包囲されぬよう自己防衛するように。彼女らのアイデンティティにとって西洋は外部ではなく日本は内部ではない。両方へのアイデンティフィケイションは不確かなものであり、何よりもハイブリッドな実際的な実践なのだった。（Kelsky 2001 : 217,［　］内

引用者註）

女性たちが「西洋」と「日本」の双方に対して表すアンビヴァレンス、その混淆の結果現れる彼女らのアイデンティティについて、しかしながら、フェミニストとしてのケルスキーは悲観的だ。女性たちは個人的なレベルでの安定にばかり集中していて、今ある人種とジェンダーの権力構造に働きかけることをしない、と。私もまた、同じ問題があることを指摘してきた。

ここではしかし、ケルスキーが付け足すように言う「少なくとも個人的レベルでの対抗的実践」（ibid.:224）に、最大の関心を払おう。個人的な実践――それを研究者の定義から「対抗」と呼んでしまうかどうかは別として――は、つねに社会的文脈のなかで起きているのであり、そうであるからには、そこに居あわせた他者やその状況に、そしてそのすべてをとりまく構造そのものに、陰に陽に働きかけるはずだから。女性たちはたしかに、利用可能な語彙によって自らを語り、そうすることで自身を拘束する権力構造に与してしまうかもしれないが、と同時に、意図的に非意図的に、流れを乱すこともあるだろう。それではいったい、どのように？

ケルスキーが「ハイブリッド・アイデンティティ」と呼ぶ現象を、私たちはずっと「アイデンティティ」と、そもそも混淆的で流動的なものだと考えてきた。インフォーマントたちが語りだしたのも、実は、斉一的に静態的に「典型的・伝統的」、「例外的・革新的」あるいは「インターナショナル」「トランスナショナル」な自己であったわけではない。多くのインフォーマントたちは矛盾や逆説を含みながら、ひとつの位置から別の位置へと移動している。

ふたりの興味深い例を参照しよう。インタヴューで開口一番に「私の今まで生まれ育った環境っていうのが、日本のステレオタイプの家庭とはまったく違うものなんですね」と形容するある女性は、たしかに、日本の私立と公立の学校に加えてアメリカン・スクールにも通学した経験を持ち、さらに大学には進学せず英語の勉強のためにニュージーランドに渡り、帰国後に街頭でのビラ配りから秘書や通訳をはじめ異なる職種を経験し、インタヴュー当時には語学学校を経てアメリカの大学の学生、という経験を持つ。こうした特殊な経験をたどるのに一時間を費やしたのち、彼女は突然、次のように言う。

私はちょっと違いますよね、他の人と。でも、私のもともとの潜在されたアイディアっていうのは、すごく日本的だとおもいますよ。っていうのも、細かいところからいくと、やっぱり自己中心的ではなくてまず人のことを考えるんですよね、この人どうおもってるのかな、とか、おいしいものを食べたら友だちにも食べさせてあげたいっていうか。私、日本女性ってほんとうに美しいとおもいます、心が。日本の女性って、優しいです。すごく優しい。だから、ごめんなさい、日本人じゃなくて、自分は日本の女性だなって感じます。私、アメリカの女性をみててすっごい individualist［個人主義者］だなっておもうんですよ。で、自分にはそういう考えはまったくないですね。

（二八歳、大学生、ニュージーランド在住一年・ハワイ在住三年）

「他の日本女性とはちょっと違う」はずの彼女は、しかし、「個人主義のアメリカ女性」とも違うということを強調し、さらには、「日本女性らしくない日本女性」からも距離をとろうとする。

言われます。やはり、日本で働いてる方に、言われる。日本でずっと時間を過ごされてる方には、「ああ、＊＊ちゃんは結局考え方も海外志向だね」って言われますけど、でも、自分をよく知る友だちとか、こっちの男性とかには、自分をよく知る人には、「まじめだ」ってよく言われるんですよ。人間とのつきあいにも。「日本の女って感じがする」って言われます。古風ですね。男の人に何かをしてあげたいっておもっちゃうんですよ。

（二八歳、大学生、ニュージーランド在住一年・ハワイ在住三年）

したがって、彼女自身のことばによれば、通常からはかけはなれた「非典型的な日本女性」という彼女の最初の自己定義とはうらはらに、彼女は「優しい」「忍耐強い」「気遣いのできる」、「伝統的な日本女性」だということになる。彼女が投影しようとする自己イメージは、「普通とは違う日本女性」と「伝統的な日本女性」のそれぞれのよい部分を掬いとりながら、巧みに織りなされている。

次の女性の語りも、まっすぐには展開しない。夫の定年退職とともに海外に居を移した彼女は、自身のキャリアウーマンとしての経験をふまえ、海外で出会う「いわゆる日本の、ほんとうに専業主婦、サラリーマンの奥さんって方とはお話ししても、全然違う世界。楽しくない」と言う。しかしそうした「典型的な日本女性」と自身を引き離したあとに、彼女は自身の「日本人らしさ」を、夫婦のあり方を通じて再認識した、とも言う。

すごくこっちに来て、私はすごく日本人だなって思うことが多い。アメリカ人と日本人はやっぱりまったく逆、すごく違う。なんかこう夫婦の関係とかね、そういうのでも、けっこう、特に白人の場合ね、女性が気を使ってる、男性に。たとえば何かひとつものを買うにしてもね、いちいち主人に言ってるとかね。全然違うってね。私だったら何か要るものをね、主人にこれ買っていい？　とか買うよとか言ったことない。そういう意味で日本人の女の人っていうのは強い、弱いように見えてて、実は強いっていうのあるでしょう。

（四六歳、大学生、ハワイ在住四年）

しかしその直後に、再び「日本の奥さんたち」を思い起こして彼女は言う。

まあ私ぐらいの歳の人だったらね、まあお金があるからこんなことぐらい仕方ないかって、子ども産んでそのまま。で、そういう人もね、よくあるじゃない、「主人もいつかは最終的には家に戻ってくる」とか、私はそういう考え方まったくなかったから、そういう意味では、日本女性、日本人の女性の典型ではないのかなとおもう。

（四六歳、大学生、ハワイ在住四年）

「夫との関係においては実は強い」という意味では「日本女性らしい」けれど、「夫を待つ従順な妻」という意味では「日本女性らしくない」というのが、彼女だということになる。そしてインタヴューの最後に、何か言い残したことは、という私の質問に対して彼女はあっさりと言う。

あんまりねえ、自分がついつい日本女性らしくないから、あんまり関係ないっていうか。

（四六歳、大学生、ハワイ在住四年）

こうした語りを受けて、彼女のことを、「日本女性らしい」のか「日本女性らしくない」のか、見定めようとすることは、もはや不可能だ。

既にみてきたように、「例外的・革新的」日本女性たちが、別の文脈で「日本女性らしい」自己についてことばを費やすとき、反対に、「典型的・伝統的」自己を強調する女性たちが、国際的な教育や就労や結婚の経験を詳細に語るとき、そしてひとりの女性が「典型」と「非典型」のあいだを瞬時に移動してみせるとき、彼女らの自己像は混乱するばかりだ。特に彼女らと対面し彼女らの語りを追っていた私にとって、彼女らひとりひとりは、しきりに姿を変えて落ちつくことのない、そしてどの姿も次の瞬間には消えてしまう、わかったとおもった瞬間にわからなくなる存在だった。そのとき、研究者としての私が「日本女性らしさ」を定義しようとしたり、インフォーマントのひとりひとりを「典型的・伝統的」と「例外的・革新的」にカテゴリー分けしたり、あるいはその軸上に並べてみようとしたりすることは、明らかに、意味をなさない。女性たちは自らを「典型的・伝統的日本女性」として、「例外的・革新的日本女性」として、「コスモポリタン」として、あるいはそのすべてとして、そしてまたそのどれでもない者として、呈示してみせた。そうしたアイデンティフィケイションの効果として現れる〈日本女性〉に、今や統一された意味内容など想定すべくもない。

「日本」と「西洋」のどちらも自らのなかにある、と言いながら、そのどちらにも完全には自らを寄せきらない彼女らのパフォーマンスは、「アイデンティフィケイション」を強要する状況においてそれを拒絶する「ディス - アイデンティフィケイション (dis-identification)」あるいは非達成におわる「ミス - アイデンティフィケイション (mis-identification)」とも呼ぶべき過程である。なかには、「日本」と「西洋」を両極とする軸の「中間」に、自己定義を行うインフォーマントもいる。

私は中間だとおもいます。向こうと日本との中間だとおもうけど。私はずっと日本で育ってるけど、でも一年間海外に行ったときのインパクトはすごく大きかったし、だからすごく影響受けてるっていうのがあって、でも基本的には日本に置いたほうがいいのかなって。置いて、日本人の視点としての自分の経験を。逆に私は、日本人としての海外経験者として、自分のなかのものをつくりあげていきたい、持っていたい、と。

（二五歳、大学院生、ニュージーランド在住一年）

どうだろう、やっぱり中間ぐらいかな。完全に日本人的でもないし、ガイジン的でもないし。さっき言ったみたいに、私もそんなに気配りとかするわけではないし。こっちに来てなんか変わったのかな、変わったとおもう。

あんまり特におもいつかないけど。

（二九歳、大学院生、カナダ在住一年・ハワイ在住三・五年）

さらには「両方」「半々」という表現を用いるインフォーマントもいる。

両方とも気分が楽だった気がするの。イギリスにいたときはイギリス人だけどいやになったら「私には日本があるから」って感じで。日本でいやな思いとかするでしょ、やっぱり、でも「いいの、いざとなったら私にはイギリスがあるから、行ける訳だから」って。両方ないっておもう人もいるみたいだけど、私には両方あるから。

（二三歳、大学院生、アメリカ三年・イギリス四年在住）

だからそれがやっぱなんか、自分の意識の、半々だよね。良い意味で自分のなかに、変に外国の文化だけに染まってるとか、かぶれてるとかじゃなくて、自分のなかで割と折りあいがついているんじゃないかな、とおもったりする。

（三三歳、英語講師、カナダ一年・アメリカ半年在住）

当然ながら、「中間」とか「両方」という言い方には、とりもなおさず二項対立の前提が敷かれている。しかし、女性たちがこのように瞬時瞬時に自己を定めたり翻したりするとき、想定されている「日本」と「西洋」のあいだの境界は、それほど強固なものではなくなる。女性たちが自分は

「典型的・伝統的」であると同時に「例外的・革新的」でもあると、複数の異なるアイデンティティを主張するということは、そのふたつはおもうほどに互いに排他的ではない、ということだから。女性たちの語りは、社会が彼女らに被せかけてくるカテゴリーの恣意性を照らし出す。それが彼女らの意図である必要はない。彼女らはそんなことをちっとも気にせずにひらりひらりと身をかわし、軸のどこかに彼女らを定めようとする調査者の手のなかからつねにすり抜けていく。

安定と不安定、誇りと困惑

こうした女性たちのアイデンティフィケイションが導く意図せざる効果は、彼女らが異なる環境に生きる自らの「柔軟性」や「適応力」に言及するとき、さらに顕著になる。[3] 服装や化粧といった外見上の適応に加えて、インフォーマントたちは別のレヴェルでの変貌についても語る。

> 母親としてつきあう場合は、その家その家の方針ってあるでしょ。子どもに対するルールとか。それをまず早く読み取って、この家とはこういうふうにつきあわないといけないとか、このお母さんはこういうことしたらいやがるなとか。そういうのを早く見極めて、やっぱり変えますよね。日本人のお母さんのときはこうする、アメリカ人のお母さんのときはこうするとかって。自分で、flexible に［柔軟に］ならないといけないとおもう。だってね、みんな違うんだもん、価値観とか。
>
> （三九歳、大学生、アメリカ本土在住半年・ハワイ在住五年）

私はたぶんもう、ステレオタイプの日本人を代表してないかもしれないなっておもうんですよ。だから私がおもってることは、一般的に女性がおもってること、やってることを代表してないんだろうな。でもおもしろいのは、それが唐突に、いつも変わるの。すごいtypical［典型的な］日本人のときもあるかもしれないし、もっと離れたアメリカ的アイデンティティになるかもしれない。だからそのアイデンティティはたぶん、自分が話す人によって、いる場所によって変わるとおもう。

（三五歳、大学院生、国際結婚・ハワイ在住四・五年）

私は、やっぱりふたつの目で見てるとおもう。だからある意味で価値観を変えながら生きてるんだとおもう。ミックスしてるって感じでもまあああるんだけど、テレビのチャンネル切り替えるがごとき、別の価値観体系。こっちに立つとき、こっちに立つとき、っていうのがあるんだとおもうのよ。

（五九歳、通訳・翻訳業、イギリス在住三年）

このように巧みに異なる自己を使い分けるインフォーマントにとって、「柔軟性」は自信や誇りの源となる。日本人とも外国人ともうまくつきあえる、学問や職業上の競争にも有利だ、という女性たちは、「両方」であり「半々」であるアイデンティティを好ましいものとして語りだす。

しかしそのいっぽうには、その過程が生みだす苦痛を味わうインフォーマントもいる。次の女性たちは、それぞれ、ヨーロッパ諸国で過ごした幼少期と思春期を振り返り、またあとのふたりは同様に海外留学を経て国際的職場に身を置きながら、むしろそうした経験の帰結として生じた不安定さを口にする。

私は全部中途はんぱに生きてきた人間で、両親の教育方針っていうのが「日本人は日本人であれ」っていうのなんですよ。日本人だかなんだかわからない人間にはなるな、と。中途はんぱっていうのは、そう、向こうの外国人ナイズされた日本人にならないかわりに、自分の根っこがどこにあるんだろうなっていつもおもってます。

（四五歳、団体職員、帰国子女）

でも、日本人なんだけど、絶対日本人なのに、ちょっと海外にいたんだ、こういう仕事してるんだ、みたいなところで私は違うのよっていう風を吹かせてる、とおもわれてるかもしれない。日本人でありながら、その辺の日本の女の子とは同じになりたくないって線を引いてる。そのジレンマを、感じてる。それで日本に住むのに居心地の悪さを感じてるのかもしれない。だからといって海外に住んで自分が外国人になりきれるのかっていうと、よくいるよね、そういう人、海外放浪したり外国人と結婚したり。そういうふうには、そこまではなりきれない。でもジレンマは感じてる。そう、ジレンマ。

（二八歳、国際的企業勤務、オーストラリア留学一年）

それはほんとうに考える。微妙なところなんですよ。留学して、外資系で外国人と働いてるのがかっこいいっていうのもあるけど、でもそれがかえって道を迷わせたっていうのもある。自己満足でいいかなっていうのもあるけど、でも、「私ってどうなの？」っていうのが消えないんですよ。

（三二歳、外資系会社員、米在住一年）

また、海外生活のただなかにあって、定まらない自己を抱えるインフォーマントもいる。

自分は、たぶんね、日本ではかわいい系の女の子では絶対ないんだけど、でもここにきて一年間自分がつくってたイメージだとおそらくこれに入るだろうなって納得して。だから日本の自分と最初ここに来た自分は違う。自分と違う自分をここではつくってた。だからそれは葛藤が。自分を出したいんだけど実際には自分を出せないっていうストレスが。私、超笑かしたいんですよ。プレゼンにしてもなんでも、冗談を言いたいのに、自分の心のなかではおもしろいギャクが浮かんでるのに、英語では言えないから、あきらめて笑っちゃうんだけど。それでにこっとしてふんふんって言ってる自分がいやで。

（三六歳、大学院生、英米短期留学・ハワイ在住一年）

前よりは変わってきてるとおもうけど、私は日本人なのかなとおもう。だからね、なりきれないとおもうわ、最後まで。アメリカ人っていうか、アメリカ人っぽい日本人にも。そこがね、自分のいちばん嫌いなところでもあり、嫌いですね。嫌いっていうか、直したいところなんですよ。周りが気になるっていうか、そうね、結局気にしちゃうってことなんだろうな。いやなところだな、自分の。でもね、この会社って不思議で、やっぱり日本の会社だから、それをちょっと美徳とする上司もいるの。だから武器にもなる。そこを認められるときもあるし、それでだめになるときもあるし、すごい両面がある。微妙だな。

（三五歳、会社員、ハワイ在住三年）

「中途はんぱ」「ジレンマ」「葛藤」「微妙」と言われるように、混淆した、柔軟で、流動的なアイデンティティは、すべての女性にとって望ましい、誇らしい状況ではない。複数の自己を巧妙に使い分けられる人とそれができない人、そのことを楽しめる人とそうできない人がいる。そこにもやはり、言語能力や社会的地位といった資本が関わっているということは否めないし、と同時に、それぞれの女性たちが置かれた個別具体的な状況があることが伝わってくる。

しかしいっぽうで、複雑なアイデンティティに苦しんでいる女性たちを、かわいそうな蝶々たちと見下げることは、やはりすべきではない。インタヴューのなかで彼女らは、そのように憐れまれることを拒否してもいる。海外生活のなかでつくってしまった「かわいい系の自分」に葛藤を感じる、と言う先の女性は続けて言う。

努力はあります。友だちに言われる、プレゼンでも何か笑いがあるって。「おもしろいね」って。アメリカ人の友だちが言ってくれて、「笑いとるね」みたいに。いつもこう何かねらったりして。でも、それがほんとうにアイデンティティなんで、私の。パーティーとか行ったら、二年目からは、下手でもなんでもキャラクターを出していく、と決めて。こう、おもしろい会話を入れると、それは伝わって、友だちから友だちへ。紹介のされ方も違う。どんどん生きやすくなってきてるかな。

（三六歳、大学院生、英米短期留学・ハワイ在住一年）

さらに、二年の留学後日本の職場への復帰が決まっている彼女は、そこでもまた別の自分を、かわいくておとなしいハワイでの自分とも、人を笑わせるのが好きなほんとうの自分とも違う自分を、つくる用意ができていると言う。

これこれ、これは絶対言おうとおもってた。帰ったらね、ほんとにいやな人扱いされるのはわかってるんですよ。アメリカ帰り、何をしても、もし意見を言えば。今、私が何か言えば、アメリカ帰り発言になると思うんですよ。しかも女が。管理職にとってもたぶんいやな存在になるんだろうな。もうそれは、私、またですけど、入ったらしばらくは様子をみよう、と。ちょっと黙ってようかなとおもって。いつものやり方で。ほとぼりが冷めるまでは、地道な仕事だけして、発言は控える。いちばん帰ったときが言いたいことはいっぱいあるとおもうんですけど、ちょっと待って。日本の社会では、待ってみようと、自分の心に決めて。

（三六歳、大学院生、英米短期留学・ハワイ在住一年）

さらにもうひとりの貴重な例を挙げよう。次の女性は、念願だった海外生活によって訪れた「普通の幼稚園ママ」からの脱皮が、今では心労の種となっている、と明かす。

帰りが遅いとかパーティーの準備を手伝ってくれないとか、そうやって時どき、私が主人に反発するようになってきたんです。日本ではなかった。それはでも、私にとってハッピーなことではなくて、うちの場合は、私が言うようになって余計夫婦仲が悪くなったんですね。…あと子どものクラブで、私が正当なことを言ったばかりに、子どもがレッスンを受けさせてもらえなくなった大きなトラブルがあったんですね。それ以来私は aggressive［攻撃的］になってて、いろんなことでいろんなときに文句言っちゃうんですよね。またさらに自分を不幸にしてるんですよね。それで自分がハッピーにならないんですよね。目覚めてっていうか、権利を主張したりすることに目覚めて、自分を楽にしよう、楽になれるっておもったのに。

（四〇歳、大学生、カナダ在住一年・ハワイ在住四年）

こうしたストレスから精神性の疾患も経験したという彼女は、しかしながら、自身を不幸な存在として落ち着けることもしない。

でも、治ってはいないんだけど、もうめちゃくちゃ、なんでもおもったら好きなことを言い返すってやるようになってから、ちょっと、自分は自分を好きなんですよね。もうやけくそっていうか。こんなふうに生きてこなかったから、言いたいこと言って、大嫌いな人に「あんたなんか嫌いだから電話なんかしないでよ」って言うのが、快感ってことに気づいたんですよ。みんながおもってるのに言わないのを、私がかわりに言ってあげるって感じで。一応使い分けてますけど、言える人と言えない人、立場とか。今自分ではハッピーかな、自分としては。

（四〇歳、大学生、カナダ在住一年・ハワイ在住四年）

また彼女は、自身を「文句を言わない、おとなしい日本女性」から遠ざけて語るいっぽうで、海外生活のなかで出会った他の「日本女性らしくない日本女性たち」には批判的でもある。彼女らのことを「日本で暮らせないからここに来てる」「悪い意味で強い人」と形容したあと、最後に彼女は言う。

だから私は、そうはなりたくない。今でも自分は、たぶん、今もし日本に帰ったら、人からみたらそれになりつつあるっていうか、言いたいことを最近言ってて、なんだけど、でもどうかな、そうはならないように、演じよう、帰ったら、また日本人をもう一回演じようっておもってるんです。嫌われるのいやなんですね、人に。だからここでは自分を解き放って、だーってやるけど、帰ったらまたもとの私に戻って、日本人として人とつきあおうってておもってるんですよね。あんまり批判しない、自己主張をしない。それから自分がしゃべるより相手の話を聴く。あんまり目立たない。「アメリカでは」とか「ハワイでは」とかあんまり言わない。

（四〇歳、大学生、カナダ在住一年・ハワイ在住四年）

西洋における解放は彼女を幸せにはしてくれなかった、しかしどうにかその自分を受けとめられるようになった、でも周囲の西洋的な日本女性とは自分は違う、日本に戻ればまた日本女性を演じるつもりはある、という、この二転三転する語りは、彼女にとって「日本女性らしさ」が嫌悪の対象でもあり愛着の対象でもあり、と同時に表層的に演じられるものでもある、と、暗示する。そのなかで立ち現れる彼女のアイデンティティは、アンビヴァレントでねじれたもの、混淆し流動するものに他ならない。
ふたりのインフォーマントたちは言う、日本に戻ればまた、年上の男性が多い職場で、あるいは家庭やコミュニティで、日本女性らしく振舞えばいい、と。そうした演技がまた葛藤を生むのでは、という私の質問に対し、ふたりの女性はどちらも明るく否定する。

でもずっとそのままじゃないから。それは作戦として、ここからまたやっていくうえで、日本の社会ではそれは仕方ないことだとおもう、最初から出たらほんとうに打たれちゃうんで。だからちょっと控えて。時間が経って、実力が認められれば、意見を言わしてもらう。
（三六歳、大学院生、英米短期留学・ハワイ在住一年）

まだやってないからわからないですけど。私、小さいときから、新しい環境に入ったときは、新しい自分を演じようっておもってたんですね。一部のすごい仲のいい友だちだけが私のほんとうの姿を知っててくれれば、あとは、その人が私に何を求めているのかをまず考えて、その人の求めている私をその人の前では演じようとするんですよね。
（四〇歳、大学生、カナダ在住一年・ハワイ在住四年）

状況に応じて、利用できる資本に基づいて、戦略として、ひとつの自己をみせる、あるいはもうひとつの、さらにもうひとつの自己をつくり出し演じあげる。そこにも当然、限界や危険性はあるだろうけれど、少なくともそのように言うとき、無力でかわいそうにみえた彼女らは、瞬時に、その状況を打破しようとする、することのできる、あるいはその苦境を生き続けることのできる、強さを示す。そうした一連の語りの結果として現れる彼女らの〈日本女性〉アイデンティティは、やはり、力強いものだと言わなければならない。

不安定な軸

あなたはどういう日本女性ですか、などという、この少し考えるとどう答えてよいかわからなくなるような奇妙な質問に対して、インフォーマントたちは様ざまの反応を示した。それは、私という研究者が無理やりに彼女らに手渡したカテゴリーに対する、彼女らの交渉の過程に他ならない。自らの国際的経験に基づいて「例外的・革新的」というサブ・カテゴリーに自らを位置づけてみる女性がいたいっぽうで、同じような経験をしながらも私の予期を裏切って「典型的・伝統的」という対極にあるサブ・カテゴリーにおいて自己呈示する女性もいた。さらにはその二極のあいだを揺れ動きどこにも自己を安置しない柔軟性を示したり、あるいはそのどちらにも自分は属していると主張して図式そのものを混乱させたりする女性もいた。アイデンティティとはこうした語りの効果であり、その逆ではない。

ここで強調すべきは、こうしたアイデンティティ・ナラティヴは真空状況のなかをただふわふわと漂う、軽く淡いものではない、ということだ。日本女性たちはつねに、〈日本女性〉という権力構造のただなかに置かれていて、ひとたびそれが話題になればほぼ自動的に、今ある語彙を使って自己呈示することを強要される。「日本女性らしい」と言ったとしても「日本女性らしくない」と言ったとしても、同じ「日本女性らしさ」を参照することになる。その意味で、インフォーマントたちもまた現存の枠組みの内側に押しとどめられており、誰ひとりとして、〈日本女性〉という権力構造の外に出たり、それを覆したりすることはできなかった。楽しく明るく自分のことを語りあった私たちは、権力のただなかでそうしたに過ぎない。

しかし同時に、女性たちは、突然トーンを変えて話したり矛盾や非一貫性を露わにしたりして、聴き手である私をしばしば当惑させ混乱させた。それこそが、既存のフォーマットから、彼女らの語りがこぼれだす瞬間だ。突然決心して知る人のいない外国に旅立った彼女が自らをどこにでもいる、普通の日本女性と呼ぶとき。誰もがうらやむような華々しい経歴の彼女が、自分こそが伝統的で保守的な日本女性だと言い張るとき。グリーンカードを有する、バイリンガルの彼女が、場面に応じて外向的になったり内向的になったりするとき。かわいい、おとなしい彼女が、突然キャラクターを変えて周囲を笑わせ始めるとき。彼女らは日本女性らしいのだろうか？　典型的なのだろうか、例外的なのだろうか？

彼女らの語りを聴く私に、そしてそれを読むあなたにそう自問させることで、女性たちは、既存のカテゴリーやイメージの体系に問題があることを暴いていく。彼女らの自己呈示はつねに変化し、アイデンティティは多様で複雑だ。それはたしかに〈日本女性〉という枠組みのなかに留まるものだけれど、その枠を、つねにじょじょに動かし、それが実は危うく不安定なものでしかないことを明るみにだしていく。

4　日本女性と〈日本女性〉

日本女性たちにとって、〈日本女性〉とはどのような存在なのだろうか。「それは私のことだ」と言うのも、「それは私には関係ない」と言うのも、どちらもそぐわない気がするとき――そしてそれが多くの場合だろう――彼女らの語りはさらに複雑化する。

海外にあるステレオタイプについて話したあと、私はよく「ご自身では、日本女性ってどういう人たちだと思いますか？」という質問を投げかけた。この、私自身が聞かれたらことばに窮するに違いない質問に対し、インフォーマントの幾人かは具体的な友人や知人を引きあいにだして答えようとし、他の人たちは抽象的なレヴェルでのイメージを口にし、また、そこから自身のライフ・ストーリーを展開する人もいた。ここからは、日本女性たちが〈日本女性〉に付与する意味と価値の多元性についてみていこう。

交渉されるアイデンティティ

様ざまな力学に左右されるアイデンティフィケイションという過程は、自己についてだけでなく、他者に対しても行われる。「私は彼女を日本女性であるとみなす＝同一視する（identify）」というように。そのとき、個人間において齟齬や軋轢が生じるのはむしろ当然のことだろう。ここではまず、インフォーマントたちが互いをどのようにみなすのかに注目し、日本女性と日本女性のあいだに起きるアイデンティフィケイションを例示してみよう。

ある女性は、「私とは違うタイプだけれど」と前置きしたうえで、「日本が嫌いで飛び出したっていうタイプの日本女性」である友人を私に紹介した。しかしながらその紹介された女性は、私が与えられていた印象とは裏腹に、「日本が嫌いとか、日本には帰りたくないっていうのとは違う」と語った。彼女は語学に堪能で、現地のコミュニティにも問題なくとけ込んでいるものの、「他者」としての位置に強く自覚的でもあった。

日本以外に住むってことは、marginalized position を accept しないといけない［周縁的な地位に甘んじなければいけない］んですよ。日本でもあるとおもうけど。でも法的な権利は全部あるでしょ。でも、日本以外の国に行くと、一生ガイジンやから。ガイジンであることに、struggle［苦労］がなくなればたぶんいいとおもうけど、今はまだ無理だから。

（三八歳、大学院生、ニュージーランド在住一年・ハワイ在住五年）

このように吐露する彼女はまた、伝統的な日本女性像について肯定的な捉え方をしており、アメリカにある偏見を厳しく批判もした。私が聞かされていた「よくいるタイプの国際派日本女性」の姿は彼女にはなかった。

さらに彼女が私に「おしとやかなタイプ」として紹介した別の女性は、意外なことに、誰よりも日本社会に批判的であった。私は「おしとやか」の面影を彼女のなかに探りながら見出すことができず、最後には、彼女が他のインフォーマントのようなあいまいさや不確かさを抱えていない、むしろ直線的な「抑圧から解放へ」を体現するストーリーの語り手だということを知る。インタヴューのなかだけの印象ならば、彼女こそが「日本が嫌いで飛び出した国際派日本女性」に一致していたと言ってもいいだろう。紹介者による彼女のアイデンティフィケイションとは正反対に。

整理してみよう。第一の女性は、第二の女性を「典型的な国際派」と呼ぶことで、自らをそのイメージから切り離すことに成功した。第二の女性もまた、わかりやすい「国際派日本女性」像に落とし込められることを拒否し、西洋社会・文化に親近感を表しながらもその排他性に鋭く批判を加えた。そうしたいずれとも定まらない態度に比べて、第三の女性は、今度は、徹底して日本社会・文化に苦言を呈し、危うく「日本女性らしい日本女性」とみなされそうになるのを拒んだ。自己と他者が抱くイメージはこうも違うことがあり、女性たちは自分に覆いかぶさってくる好ましくない意味内容、たとえば「日本嫌いの国際派」とか「日本社会に従順な日本女性」とかいうラベルから距離をとろうとすることがある。それはまさにせめぎ合いと訳すべき、苛烈なネゴシエイションの過程である。

別のケースもある。ある女性は「見た目は日本女性っぽくないいんだけど、大和撫子の気遣いができる人」として、私に友人を紹介した。しかしインターナショナル・スクールの出身である当人は、自身が日本女性であるという意識は少ない、と言う。

わかんない、日本人から言わせると、日本人っぽくないって言うけど、そうじゃない人に言わせると、すごい日本人っぽいって言われるから、自分でもわからない。日本人より日本人って言われることもあった。なんかね、すごい、昔の日本が好きだったり。現代も好きだけどね、お祭りとかさ。そういうのを持ってたりすると、言われるかな。言われてもね、ああ、そうって感じ。日本人っぽいって言われても日本人っぽくないって言われても別に。あまりそういう意識が、別に今まで考えたことないし、「両方」って。

（二四歳、主婦、インターナショナルスクール出身・ハワイ在住二・五年）

このあと彼女は、紹介してくれた友人の女性と私がいかに日本女性らしいかを、「いつも子どもの面倒みてもらうんだけど、やっぱ日本の母って感じがする」「すごい日本人の女の人代表って感じがする。なんかね、優しそうなところが。すごい、マイルドなの」と、それぞれ説明して、最後に言う。

まあ、日本女性らしいっていうのも、よくわからないんだけどね。

（二四歳、主婦、インターナショナルスクール出身・ハワイ在住二・五年）

私たちふたりを苦笑させたこの疑問は、実は、他のインフォーマントにも明示的暗示的に共有されている。

イメージに照らしてみて、私はけっこう合致してるとおもいます。だって、今定職に就いてるし、いやそれは関係ないけど、割と、ちょっと待って、日本女性っていうのが何かわからなくなった。

（二六歳、会社員、オーストラリア在住一年）

このように、女性たちと私は、たいてい、「日本女性らしさ」というものがあたかも観察可能な、測定可能なものであるかのように語ったけれど、そのなかで「日本女性らしさ」には複数の、互いに矛盾することもある意味が持たされてもいた。そのとき〈日本女性〉はいよいよ正体のわからない、あいまいなものとなると同時に、それでも女性たちが自己と他者について語るときに用いようとする便利な参照点でもありつづける。もうすこし、日本女性と〈日本女性〉について探っていこう。

「普通の」日本女性たち、「かぶれた」日本女性たち日本社会・文化の外で活躍する女性たちが、そうした国際的な経験を持たない「普通の」女性たちのことを見下すことがある、という想像はあるかもしれない。実際、たとえば海外旅行が趣味で英会話スクールに通っている、というような女性にインタヴューをお願いすると、「私なんかを『国際的』なんて言ったら他の人たちに怒られますから」などと言われることがある。「他の人」とはおそらく、帰国子女や外資系企業の会社員といった語学や職能に長けた女性たちのことで、「国際的な活動」というなかにも序列が意識されていることは疑いをいれない。まず世界中を駆け巡るコスモポリタンな女性がいて、次に海外旅行は好きだし英語にも興味はあるけど白人を前にするとしどろもどろになってしまう女性がいて、さらに、パスポートなんて作ったことがないし英語は学校で習ったことしかないという女性がいて、というぐあいに。

インフォーマントたちのなかからも、「普通の日本女性たち」への批判や苛立ちは聞かれる。

私の友だちとかでも多いのは、あれしたいこれしたいって言いながら行動に出さない人が多い。だから私はそれがいやでこっちに来たのかもしれない。やっぱり、自分がしたいとおもったら、時間がかかっても、回り道になっても、到達したいなあって。だからたまにむかーってくるのは、したいしたい、やりたいやりたいって言いながら、そのために勉強もしない、お金も貯めない、夢だけ言ってる人がいると、ちょっとそのために犠牲にするものもあるんだよって言いたくなる。

（三五歳、大学院生、国際結婚・ハワイ在住四・五年）

外国人にこびるような日本の女の子ってむかつく。一回、日本人と外国人合同のパーティーに行ったときに、日本の女の子がすっごいfeminineな［女の子らしい］感じにしてるのよ。英語も、わざと話せないふうな感じで。それでひとりの女の子がね、私と日本人の友だちに、"Are you sisters?［姉妹ですか］"って聞いてきたの。うわ、ばかみたいこいつ、日本語で話せよっていう。そういうのはね、耐えらんない。無能を装う、すごい日本人の女の子って感じだよね。

（二二歳、外資系企業勤務、アメリカ在住一年）

「夢だけ言ってる友だち」や「外国人にこびる、無能を装う日本人の女の子」を引きあいにだすことで、彼女ら自身の達成はさらに強調され、より好ましい自己像が結ばれることになる。さらにこうした批判は、次にみるように、「個性がない」「集団主義」といった日本人論のクリシェに追随することがある。特にそれが具体的な個人ではなく抽象的なレヴェルで語られるとき、自己例外化戦略の場合と同様に、そこには〈日本女性〉を強化させてしまう危険性が見え隠れする。

自分があんまりない。自分の生き方とかしっかり持ってても、それを出すことを美徳としないなっていうことがあって、人間関係とかで悪いなとおもってもそれでいいんじゃないってなあなあにしといちゃうのがすごい強い気がして。…同じぐらいの年代の人を見てるとみんな同じに見えるし、団体で同じことをするっていうのを美とするから、そういうところがすごくいやで。特に女の人のファッションとか流行を追いかけるところとかは、客観的にみてすごく、自分はそこに入りたくないっていう。

（二八歳、国際的企業勤務、オーストラリア在住一年）

普通の日本人の女性っていうのは、今の子どもたちは日本人である以前の問題ですけど、その、すぐガイジンについていっちゃうとか。個性があるようでない。自分の価値観もない。他人に流されやすい、まあ、なかにはそうじゃない子もいますけど。女の子に限らず、日本人全体が昔っからそんな感じで、結局外国人にバカにされるだろうな、とはおもいますけどね。

（四五歳、団体職員、帰国子女）

しかし重要なことに、そのいっぽうには逆の事態も起きている。日本国内で落ちついた生活を送る「普通の」友人のことがうらやましい、と語るインフォーマントもいる。

反対に、ちょっとうらやましいとおもうところも実はある。そういう友だちが。なんだろうな、おさまるところにおさまっていられるから。大学を卒業したらＯＬになって、結婚して、子どもを産んで。そういうのを、良いとか悪いとかおもわずにやっているのが、ちょっとうらやましい気がする。そういうふうに生きていこうって決めてるわけじゃないんだろうけど、そういう人は、自分で人生を切り開く必要がないわけでしょ。彼女たちのなかには、私には絶対わからないことがいろいろあるとおもうけど。自分の方がいいなんて、絶対おもわない。友だちからはよく言われるけどね、自由でいいよねって。あっちはあっちでうらやましいみたい。でも、自由は自由だけどその分精神的につらい部分とか、自分で方向性を決めていかなければいけないところとかもある。

（?歳、大学院生、アメリカ本土在住三年・ハワイ在住一年）

どっちがたいへんかわかんないですよね、働いてる人と。みんなお互いがいいなとおもってる。主婦やってる私の同級生とかでも、「いいな、学生でいられて、なんの責任もなくて」って言う。でもやっぱり彼女らのほうが生活が安定してるよね、私たちと比べてね。頭がはげるほど本読んでるもん。眠れないこともいっぱいあるし。隣の芝生はいつまでたっても青くみえるものだし。

（三八歳、大学院生、ニュージーランド在住一年・ハワイ在住五年）

日本女性はたとえどれほど西洋文化になじもうとも究極のところでは良妻賢母になりたいのだ、などと言うわけではない。インターナショナルな女性たちとそうでないドメスティックな女性たちが、相互にうらやましさを感じている、という複雑な図が浮かびあがってくる。ここでもどちらのほうがより恵まれているのか判断することは難しい。

また、インフォーマントたちは、自身の日本での「普通の」暮らしを肯定的に語ることがある。かつては当然であり、もしかすると嫌悪すらしていたかもしれない日本での生活を再評価するようになった、「結局私は日本なのかなとおもう」「やっぱり生まれた国がいちばん」と、語るインフォーマントも少なくない。古くさい、と感じられていたはずの、女性が家庭を守るという文化や専業主婦の高い社会的位置などといった伝統的な「日本女性らしさ」に、新しい意味や価値が見出されることもある。日本とアメリカでキャリアを積んだ後、今では主婦としてハワイで暮らす女性は次のように言う。

私の友だちでも、傍からみたら理想の、みんなが夢見るような人が、日本でいい大学出て就職して、アメリカに来て大学院卒業してＣＰＡ［公認会計士の資格］もとって、アメリカの会計事務所に入って、とんとん拍子な人が、彼女なんかが、すごく不幸そうにしてるんですよね。その人の性格もあるんでしょうけど。要は自分のやりたいことやってるかどうか。たとえば結婚して子ども産んで育てるって、それも立派な仕事だし、それこそ二四時間でしょう。それをやりたいっておもってる人がいればそうすればいい。

（三五歳、主婦、外資系企業勤務・国際結婚・アメリカ本土在住五年・ハワイ在住一年）

明らかに、海を渡った日本女性が日本社会に対して批判的になるとか、国際的な経験が西洋的価値の吸収に直結するとかいう一般化は妥当でない。

こうした日本社会・文化の再評価は、翻って、そうした価値に気づかないままの国際派日本女性への厳しい批判へとつながる。インフォーマントたちの多くは、日本で専業主婦やＯＬとして生活する「普通の」女性たちよりもむしろ、自身と似た境遇にいて自身よりも西洋化してみえる「かぶれた」「偏った」日本女性たちに対して強い反感を示す。

うちの会社は多いの、なんかね、でもね、日本人の顔してるけど日本人じゃない。一回破れちゃってるっていうか、日本を飛び出してきちゃってるわけだから、みなさん個性があるんですよ。日本にはまりきらなかった。だからね、日本人のようで、やっぱり日本人じゃないなとおもいますね。なんだろ、自己主張が平気でできる。仕事してても、みんなで残業するってことがない。私は帰るよ、みたいな。いるでしょ、急に変わっちゃった、みたいな。見てる方が恥ずかしい、youって言っちゃったりとか。

（三五歳、会社員、ハワイ在住三年）

ほんとにでも、帰国の人で「うわあ、この人日本人じゃない」っていう人とかいるけど、そういうのとは違うから。そういう人は、同じ日本人からみても日本人らしくないって映る。TPOをわきまえないとかね。

（?歳、英語講師、スペイン在住一年・国際結婚）

なりきっちゃってる人たちは、一種尊敬はするけれども、なんか、ちょっと、反感までいかないけど、そうする必要があるのかいって、ちょっと疑問視。ほんとうのこの人はこれなのかな、それともアメリカにいるからそういうふりを意識せずにでもしてしまってるのかなって。やたらとこう、プレゼンとかでも、アメリカ人でもしないぐらいのジェスチャーと抑揚のある発音で。

（三六歳、大学院生、英米短期留学・ハワイ在住一年）

やや戯画化された「西洋かぶれ」の女性たちを引きあいに出すことで、インフォーマントたちはここでもバランスのとれた自己像を補強することになる。

ここでもういちど、カレン・ケルスキーの観察を確認しておこう。ケルスキーもまた、日本女性たちが他の日本女性に対して注ぐ視線について述べている、「私が日本で会った女性たちは、自分が払った犠牲について話し、彼女らによると『楽をしている』他の日本女性たちと自身との対比をつねにしていた」(Kelsky 2001: 109)。そうした対照によるアイデンティフィケイションを行う女性もたしかにいるいっぽうで、私がインタヴューしたなかには、むしろ「楽をしている日本女性」の側に自己を寄せようとするインフォーマントもいた。たとえ毎日の暮らしぶりや人生設計がまったく違っていたとしても自分の価値は日本で専業主婦をする友人に近い、と強調したり、そうした人生をうらやましいと言ったり、あるいは、国際派日本女性たちの「偏った」価値を厳しく批判したりする女性たちがいた。しかしだからといって、彼女らがただちに「日本女性らしさ」へ回帰する、などと考えるのも単純に過ぎるだろう。女性たちがここで試みているのは、日本を離れた女性が西洋的価値を謳歌するという図にも、海外生活が日本女性の日本女性性を強化するという図にも安住しない、複雑な自己像の呈示だ。日本女性たちは他の日本女性たちについて語るときにも、異なる価値のあいだを行き来し、どちらも享受しながらどちらにも傾倒せず、今ある意味をひっくり返し、異なる意味を混ぜ、ゆらゆらと〈日本女性〉を動かしている。

新たな意味、代替的な価値

このように、日本女性たちの語りに現れる〈日本女性〉は、既存の意味を参照しながらも、必ずしもそこに回収されない豊かな誤用や濫用に満ちた、つねに姿を変えるものである。そこに与えられる意味は、「品」「遠慮深さ」「思いやり」といった旧来のものから、「しっかりしている」「自由」「強い」「打算的」といった一見するとかけ離れたものまで、幅広い。

若い人は強いとおもうな。弱いとか男の人に尽くすとかってよく言われるけど、それは海外の人類学者とかが勝手に創りあげて、研究とか文献からイメージして創りあげたもので、それを日本人もそう思い込んじゃってるんじゃないかな。私は、日本の女の人って fragile では［弱々しくは］ないとおもう、もっと強いんじゃないかとおもう。肉体的にとかじゃなくて、精神的に。だからがまんとかもできるんじゃないかな。その強さが昔は耐えるほうに出てたんだとおもう、女性は耐えることができた。

（?歳、大学院生、アメリカ本土在住三年・ハワイ在住一年）

いい意味で、打算的。そういう意味で日本の女性も変わってきてて、私たちの頃なんて、外国人の男の人から見れば従順で、男の人にすごく仕えてて、あんまりそんなアメリカ人の女の人みたいに強くない。そういうイメージがあったとおもうんだけど、それでもそういう時代でも、日本の女の人の中身はすごく強かったとおもうのね。外国人の人に負けないぐらい。でも、表には出してなかったでしょ。だけど、今の日本人の女の子たちって、私がおもうに、すごくしっかりしてるなとおもうのは、自分の守らなきゃいけないものをしっかり持ってて、だから要領がすごくいい気がする。利用できるものは利用して、のっかっちゃって、でも自分の線は崩さないで。自分の主張もけっこうするじゃないですか。

（三九歳、大学生、アメリカ本土在住半年・ハワイ在住五年）

さらには次のように、「依存的」あるいは「従属的」といった古典的なイメージに対して異なる解釈を加えようとするインフォーマントもいる。

dependent［依存的］。でも、アメリカ人のおもう dependent と違って、それを上手に使ってるところがある。おしとやかで弱くてかわいいんじゃなくて、かわいい強みを出すっていうか。頼ることによる利点を生かす。かわいいことによる利点を生かす。蓑を着てるというか。直接対決を必ず避ける。ほんとに上手に使えるなって。

（三六歳、主婦、国際結婚・アメリカ在住一・五年）

よく例に出すのが、susbordinate［従属］してる、してない、みたいのはあるかもしれないけど、男が上で、でも財布を握ってるのは奥さんであって。アメリカの patriarchy［家父長制］と日本の patriarchy［家父長制］が違うのは、日本はほとんどの奥さんが財布を握ってる。いくらだんなさんが偉そうにしてても、奥さんに頼らざるを得ないところがある。単純には括れないってこと。簡単には見れない。oppression［抑圧］とかって言って決めつけること自体が、ほんと、ばかにしてるとおもう。だから、私の capability［能力］を認めてないっていうか、日本人の女性はいろんななかで与えられたなかから advantage［強み］をみつけていく capability［能力］があるのに、それをはなから。で、イコールになりなさいとか怒りなさいとか、その別の考え方を押し付けられても、困るよね。
（三八歳、大学院生、ニュージーランド在住一年・ハワイ在住五年）

「精神的に強い」「戦略的に依存する」「打算的で要領がいい」「従属的な地位を利用する」と、〈日本女性〉には新たな意味が付与され、代替的な像が描かれようとしている。

いっぽう、自身もまた旧来の「日本女性らしさ」を引き継ぎながらそれを戦略的に利用している、という舞台裏を明かすインフォーマントがいる。

日本女性ってひがんでる。逆にそれをうまく使って、いいように使ってるんじゃない、ひがみを逆に。日本人ってそういうところない？　言えばいいのに黙って、がまんして、がまんが美徳、みたいな。私もあるとおもう、すごいあるとおもう。なんか、いやなんやけど、なんだろうね、がまんして、やって、ちらちらっとそれをみせる。そうやってみせてるやらしい部分があるとおもう。＊＊［アメリカ人のボーイフレンド］はわかってないから、うまい具合に使える。うまく、しんどいけどやってるってみせる、いつばれるか時間の問題やけど。そういうひがみの精神あるよ。いやあ、でもやな部分やね。日本女性の、強いっていうのは。冷たい部分もあるよね。
（三五歳、大学生、ハワイ在住一年）

こうした戦略的実践は、「日本女性らしい日本女性」に限ったことではない。次の女性は、「例外的日本女性」という他者からのラベリングを、同じく利用していると語る。

私の場合はアメリカ人と結婚してるから、みんな違うのが当然だとおもってるわけじゃない？　でもそれを自分で、今言われておもったんだけど、けっこう利用してるところもある。たとえば私、派手な色のお洋服とかサングラスかけたりするのとか、好きなのよ、もともと。日本人と結婚して日本の名前だったら、あんまり髪もワイルドにできなかったりとか、サングラスかけて派手に自転車でって、できなかったかもしれない。だから利用してるかもしれない、好きなことするのに。国際結婚してるからいい、別だとおもってくださるんでしょ、きっと。

（三六歳、主婦、国際結婚・アメリカ在住一・五年）

「日本女性らしい」外見を崩すことはない女性たちが、しかし、それは目的を達成するための手段でしかないと、時に自己反省しながら、時に明るく笑いながら、言うとき、〈日本女性〉には新たな厚みが加わる。いっぽうで、「日本女性らしくない」ようにみえる女性たちが、実は他者による例外化を逆手にとっているんだと舌を出してみせるとき、〈日本女性〉は裏を返されてしまう。もの静かで上品な日本女性も、活発で自己主張が激しい日本女性も、時と場所が違えばそんなことはないのかもしれない。彼女らは注意深くその帰結を計算しながら、従順だったり言いなりにならなかったりする自己を演出しているのかもしれない。そして別の状況で、たとえばもうひとりの日本女性を相手にするインタヴューのなかで、そんな裏側を見通すこともできずおかしなイメージを抱き続けている人たちのことを笑いとばすのかもしれない。インフォーマントたちは、誰も日本女性として自らを語ることを拒まなかったけれど、一貫して日本女性として語ることもしなかった。女性たちはそれぞれのヴァリエイションを演じ、語り、〈日本女性〉がそもそも虚構に満ちたものでしかないという事実を明らかにしていく。

懐疑的なまなざし

ただ、なかには、「日本女性とは?」という私の無理やりな問い自体に懐疑的なインフォーマントもいる。日本の女性も過去数十年で劇的に変化してきたのだし、とか、一般化して言うことは難しい、とか言う女性、さらには、「日本女性ってどこらへんの?」と、世代や職業や地域の内的差異があることを意識する女性も、そして、「日本にいる日本女性? それとも海外にいる日本女性?」という下位カテゴリーの存在を指摘する女性もいる。私はそこでこちらから限定を加えるのではなく、「たしかに日本女性にもいろいろいますよね。どんなふうに違うんでしょう?」と、さらに詳細な説明を求め、いくつかのインタヴューでは最終的に、日本女性も、他のすべての社会的カテゴリーと同じように、簡単にはつかみきれない多様性がある、と合意することになった。

人それぞれ。あんまりまとめてこうっていうのはないかな。私の周りはけっこう年齢層が高くて来てる人が多い。大学院レベルの。でもやっぱ、変わった人が多いかな。すごいいろんな人がいますよね、だからこういうとき日本の人はどうするの」とか聞かれてもすごい困る。

（二九歳、大学院生、カナダ在住一年・ハワイ在住三・五年）

どうしてもそういう質問になると、みんながイメージする日本女性っていうのを考えちゃうから。でも私が考える日本女性、難しいね、いろんなタイプがあるってそれしか言えないな、今はね。それこそ、主婦になっていいお母さんで活躍してる人もいるし、キャリアウーマンでばりばりやってる人もいるし。今だったらね、主婦でも今なら家で仕事できるからね、だから選択肢は増えたんじゃない。女の人にとっては住みやすくなったんじゃないかとおもう。イメージなんか当てはまらないよね。

（三五歳、大学生、アメリカ本土在住一年・ハワイ在住一年）

また、インタヴューのさなかに、自らの日本女性イメージを疑い始めるケースもある。「日本の主婦はやっぱり、客観的に捉えちゃうと、家庭に縛られてるイメージ」と話し始めた次のインフォーマントは、しかし、最終的に自身でそのイメージを否定する。

やっぱり、だんなさんの時間にあわせてご飯つくって、子どもを私立にでも行かせようもんならお弁当つくって送り出して、ちょっとしたら部屋の片付けして、ちょっとしたら夕飯の買物に行って、夕飯を作って、夜が来て、一日が終わる、みたいな。家族のために生きる。一般的にはそうですね。あれ、でも、そう言ってて、知ってる人ではそういう人はいない。どこから来るのか、そうおもってたみたい。

（三五歳、大学生、アメリカ本土短期留学・ハワイ在住二・五年）

たしかにあるようだった〈日本女性〉はここに揮発し、私たちの手は虚しく空をつかむばかりだ。

このようにして直接的に間接的に、瞬時にあるいはじょじょに、日本女性たちは〈日本女性〉という、自らに負荷されるこのカテゴリー・イメージ・アイデンティティに、疑義を呈している。日本女性らしくなったりならなかったりすることで、日本女性らしさを大切にしたり放棄したりすることで、複雑な自己像を結んでいく彼女らは、日本女性に共通する何か、とか、日本女性を日本女性たらしめる何か、とかいった物言いを脱神話化する。それは、繰り返し、彼女らが意識的に行う反発や抵抗では必ずしもないし、ましてや、主義主張とかイデオロギーとかに支えられた抽象的な議論でもない。ただ、女性たちがきゅうくつな位置に立たされて、ぎゅうぎゅうとしめつけてくる力のただなかから、個別的な他者と対峙し具体的な状況を生きるなかで訪れる、実際的で日常的な過程の、ありうる効果のひとつだ。

本章では、日本女性たちが〈日本女性〉を、なぞりながら同時にねじるさまをみてきた。突然に依頼されたインタヴューで、レコーダーを前に、コーヒーを飲んだりお昼を食べたりしながら、授業や仕事の合間にあるいは自宅で子どもをあやしながら、女性たちが語り出したアイデンティティが、既存の枠組みを参照しながらも脱構築するのを見てきた。日本女性とは何か、日本女性はどこにいるのか、私たちに答えることはもはやできない。答えようとしてはならないということだけを、私たちは知っている。

註

(1) ここでは、伊野真一が「ゲイ」というアイデンティティの語りについて言うように、権力に浸された言語を引用する過程そのもの――「アイデンティティそれ自体が実在するかどうかではなく、アイデンティティについて語る言説実践において何が行われているか」（伊野 2005:71）に焦点を当てることになる。また、杉浦郁子が「レズビアン」という自己の語りについて言うように、そのもたらす両義的な帰結――「言語的実践は『社会的なもの』を維持する場であると同時に、それを変容していく場でもある」（杉浦 2002:82）――を汲むことも重要となる。

(2) 藤田結子もまた、ニューヨークとロンドンの若い日本人アーティストたちのナショナル・アイデンティティが海外生活を経て強化されるという観察から、「むしろ、インフォーマントたちは、意図せずして、世界のなかで日本が特殊であり周縁であるという言説を再生産していたのである」（藤田 2008:135）と指摘している。

(3) カレン・ケルスキーはここでも、女性たちの柔軟性の主張は「彼女らが独占している国際的場面を男性の侵入から守ろうとする防御作戦」（Kelsky 2001:119）でしかない、したがって女性たちをさらに追いこむことになる、と悲観的に述べている。

第六章　〈日本女性〉という政治
ひとつのエスノグラフィー

われわれはジェンダーの二元性に絡め取られ、どこまでも身体を貫かれながら、しかしそれを内部から撹乱し、それぞれの意味や関係性をずらしていくことはできる。問題はそれに倦み疲れて、既視の安逸に身を委ねてしまわないということなのだ。

加藤秀一『性現象論』

1　「日本女性はどこにいるのか」？

どこにでもいそうでどこにもいない、わかったとか知ったとかおもった瞬間にその姿がみえなくなる、〈日本女性〉を私たちは追ってきた。統計的には約六千五百万人の「日本女性」が「いる」

と言われるけれど、第一に、ナショナリティとジェンダーに関わる包摂と排除の政治を考えれば、その数はもっと多くも少なくもなるだろうし、第二に私たちは、そのアイデンティティが、歴史的文化的に構築されたイメージとカテゴリーの体系に支えられたものであり、それゆえに社会的状況のなかで誰かに課される、政治的なものだと考えてきた。「日本女性」とは、必要に応じて〈日本女性〉をすることや〈日本女性〉になることを求められる人である、と定義し直すことができる。今この瞬間にも、日本女性はいるようにみえていないかもしれないし、いないようにみえてもいるのかもしれない。誰かがみなし、誰かがみせるというせめぎあいが、そこここに起きている。

だから、日本女性はどこにいるのか、などという問いに私たちは直接的に答えようとしない。その試みはアイデンティフィケイションの政治を喚び起こし、突然に誰かのうえに〈日本女性〉を被せることにつながるから。私の知っているあの人が、とか、他ならぬ私自身が、とか言うことはたしかにできるけれど、私たちはそこに生じてしまう暴力についてもはや無自覚ではいられない。と同時に、誰かを日本女性と呼ぶことを禁じてもあまり意味はない。それが政治的な構築物に過ぎないという意味をこめて、文章のなかでも会話のなかでも括弧をつけて使ったり、あるいは誰かがその語を使うたびに詰問したりすることは、政治的に正しいという以外の効果を持ちにくい。

私たちは、「日本女性はここにいる」という本質主義にも、「日本女性などどこにもいない」という構築主義にも陥穽があることを知っている。「いる」と想定してしまうことは当然に危険だが、同時に、「いない」と言うばかりではそこに生じるリアリティを見逃すことになってしまう。「ほんとうのこと」と「創られたもの」は、往々にして、同じものを指すものだから。私たちが向かうべきは、〈日本女性〉という、「ほんとうのことのように創られてしまったもの」であり「創られているほんとうのこと」だ。

だから私はインタヴューのなかで、本書のなかで、この問題含みのアイデンティティを明示的に直接的に参照し引用してきた。あたかも、そこに日本女性が「いる」かのように。そうすることによって私は、誰かにとっては苦痛の種でしかない〈日本女性〉を強化し再生産してしまったかもしれない。と同時に私は、その過程に生じる微細な攪乱を見取ることで、〈日本女性〉の脱構築を試みてもきた。日本女性はどこにいるのか、と、不可能な問いを繰り返し提起することによって。その分析的な、方法論的な、そして理論的な含意について、最後に述べておこう。

2 すること・なるものとしての〈日本女性〉——分析的含意

具体的なデータ分析を行った第四章と第五章ではそれぞれ、インフォーマントたちのことばを「ライフ・ストーリー」と「アイデンティティ・ナラティヴ」という視角から紹介した。前者は彼女らが自身の経験をどのように語ったか、後者は彼女らがインタヴューの場においてどのように自己呈示したか、に焦点を当てている。

交渉の意味

したがって、第四章は、日本女性たちが〈日本女性〉を「する」様態を主題化したということになる。そこに私は、複数のレヴェルでの〈交渉〉があることを強調した。日本社会・文化のなかでも、西洋社会・文化のなかでも、女性たちは自らのジェンダーやナショナリティや人種に課される意味に、ただ服従するのでもなければいつも抵抗を企てられるわけでもなく、それぞれの有する資源と置かれた状況との相克のなかから、具体的な他者に対して〈交渉〉を挑んでいた。それはしかし、資源に乏しい女性たちが〈日本女性〉を守り、資本を有する女性たちが〈日本女性〉を覆していくという、「伝統的日本女性」と「革新的日本女性」の単純な図式に当てはまるものではない。理想的におもえる抵抗の戦略が例外化を招きカテゴリーやイメージを温存してしまうこともあるように、そして、問題含みにおもえる適応の戦略でもその舞台裏を覗かせることで撹乱をもたらすこともあるように。そこに生じる多義的な効果にこそ女性たちのエイジェンシーは現れる。

インフォーマントたちの〈交渉〉は、それを語るということ自体がもうひとつのレヴェルの〈交渉〉につながる。「どうして国際的な活動に?」とか「なぜ日本を離れる決心を?」とか「海外の生活はいかがでしたか?」という私の質問に、必ずしも予期されるようには答えない女性たちは、まず私という他者に対して戦略的な自己呈示を行っていた。私が彼女らの経験を、「日本における抑圧」とか「西洋における解放」とかいう単純な図式に回収してしまわないように、時に私を驚かせ混乱させせながら、彼女らは複雑にライフ・ストーリーを織っていった。必死にそれについていこうとする私は、「蝶々さん」のイメージを手放さないわけにはいかない。

そうすることで女性たちは、もっとも重要なことに、「抑圧から解放へ」というドミナント・ストーリーにも〈交渉〉を挑んでいた。セクシュアル・ハラスメントについて話した直後にOL生活はすごく楽しかった、と突然トーンを変えて振り返ったり、いっぽうで、恵まれた職場だったと語ったあとにあっさりとそれを後にする決意をした、と話したりすることで。ハワイの生活は楽だと言った矢先に将来の不安を口にしたり、ステレオタイプに不満を感じながらもそれを逆手にとっていると笑ったりすることで。生きられる、語られる経験のなかに必ず含まれるこうした亀裂を、私たちは見逃してはならない。

女性たちは、今まさに小文字の歴史（histories）を生きている。しかし不可避的に、それを大文字の歴史（History）に即して組み立てることも必要となる。私がもっとも貴重だとおもうのは、女性たちがそうできないと気づく瞬間だ。（Tamanoi 1998：205）

「抑圧から解放へ」というストーリーは、いったい誰のものだったのか、その軌道上にいるとされている日本女性とは誰のことだったのか。女性たちが既存の枠組みでは自らを語れないと気づくその瞬間から、私たちはそこに潜む政治を問うことができる。

オリエンタリズムの構造は、東洋が絶対的に劣位の他者であることを必要とする。その維持にとってもっとも都合よいのが〈日本女性〉の表象であったことは言うまでもない。トレーズ・ヤマモトのことばを借りるなら、「日本の女性支配はその旧態依然とした後進性の原因でもあり結果でもあると、日本女性を抑圧的文化の象徴として見ることで、日本に対する文化的介入は図られてきた」（Yamamoto 1999:24）。だから、実際の女性たちの経験がどうであれ、〈日本女性〉は日本で抑圧されていなければならず西洋で解放されていなければならなかった。それは政治的に創られ、さらに文化的に賞揚されるストーリーであったから、日本女性たち自身もまた自らその枠のなかに自分を見出そうとすることになる。その意味では、日本女性もまた、〈日本女性〉を維持強化する者だということになる。

しかしながら、私たちはそうした性急なストーリーに加担しない。オリエンタリズムの言説を、どれだけきれいに補完するようにみえる語りであったとしても、必ずどこかに綻びがあることを私たちはみてきた。「抑圧」を語ることで自負やプライドを示した女性がいるいっぽうで、過酷な専門職労働のネガティヴな面を明かす女性もいたし、西洋社会における「解放」の神話を冷ややかに見通している女性もいた。西洋社会・文化のなかで生じる新たな「抑圧」を多くの女性が意識していたし、それらに対しても彼女らは、憤ったり笑いとばしたり、あるいは戦略的に挑戦していたりする。それらはすべて、研究者が項目化しようとすれば消えてしまうような、話し方や声のトーンによって物語られる微細なあれこれに過ぎないし、読者にとってわかりやすい、把握しやすい姿を提示するためには、切り棄てるべき詳細なのかもしれない。しかし、決して再現しきれるものではないそれらをこそ大切に、私たちは会話を進めたのだということを、ここでもう一度強調しておこう。

女性たちの〈葛藤〉と〈交渉〉のストーリーは、いくつかの要素がきれいに並べられた、つるつるとしたものではない。異なる素材の糸が、あちこちでもつれたりからまったり切れたりしながら、どうにかつなぎあわされた、ごつごつと荒い、しかししっかりとした手触りのあるものだ。そこにもしかし、オリエンタリズムやセクシズムは染みわたっていて、私たちの織り方は決して自由ではない。私たちは今ある権力的な、支配的なストーリーを超えることはできないかもしれないけれど、しかしその意味を内部から揺るがすようなストーリーを織っている。

アイデンティティの意味

第五章では、こうした語りのなかで立ち現れる女性たちのアイデンティティ、言い換えれば、日本女性たちが〈日本女性〉に「なる」様態をみた。それは、彼女らの心理のなかに核としていつもあるものではなく、私からの要請に応えて彼女らがことばを探しながら自己を語るなかで、ゆらゆらとできあがり、そして次の瞬間には消えてしまうものだった。

多くのインフォーマントたちのアイデンティティ・ナラティヴは、まっすぐな、一貫したものとならなかった。彼女らは、自身を語るなかで「日本」と「西洋」あるいは「典型的日本女性」と「例外的日本女性」という軸のあいだを行き来し、定まらないアイデンティフィケイションを行ってみせた。あるいは、かけ離れているはずのそのふたつの位置を同時に占めてみせることで、軸そのものを無効化してしまったりもした。さらには、〈日本女性〉という自明視された語彙が、実は内容のあいまいなものでしかないことを、直接的間接的に暴いてもみせた。そのとき、彼女らのアイデンティティはどこにあるというのだろう?

ここで私が言おうとしているのは、しかしながら、女性たちの「アイデンティティ・クライシス」という事態ではない。複数の文化において異なる価値を経験した女性たちが、いどころをなくして漂流するという、これもまた一般的に流布している「根無し草」のストーリーには、問題性と危険性を指摘しておかなければならない。第一に、ひとつの文化にひとつの価値があり、それを身につけることでひとつのアイデンティティを獲得する、というその前提に疑義を呈しておこう。それは日本人論・日本文化論に対して言われてきているように、「イデオロギー」(ベフ 1997)であり「神話」(杉本 1996)であり、そして「創られた伝統」(Hobsbawm and Ranger eds. 1983=1992)の効果でしかない。第二には、ここでも明らかな「西洋」と「日本」というオリエンタリスト的枠組みの問題がある。たとえば海外経験を経たあと日本に戻る際の「再適応」を話題にする言説においては、ただふたつの文化のあいだに差異があるということだけではなく、日本がより排他的で拘束的であるということが前提されている。そう言うことで「西洋」の平等神話が強化され、優位が確認されるというメカニズムには注意が必要だ。そして第三に、アイデンティティ・クライシスに陥る日本女性という表象それ自体が、逃れようとして羽ばたけない、それゆえにいじらしくかわいそうな、「蝶々さん」イメージを助長することも見逃せない。

上野千鶴子は、統一され安定したアイデンティティを理想としそれ以外を病理とみなす態度を「アイデンティティ強迫(identity obsession)」と呼んで問う、「一貫性のある自己とは、誰にとって必要だったのか?」(上野 2005:35)。日本女性が調和的に静態的に日本女性であることを必要とするのは、当の日本女性であるよりも、彼女らを「見る」者の側だろう。彼女らがおとなしいクラスメートであったりかわいらしいガールフレンドであったりすることを、あるいは、日本で虐げられ西洋にあこがれるインフォーマントであったりすることを、求める者たちがいる。「見る」者である彼ら彼女らが予期する一貫性や斉一性からはるか遠いところに、私たちは〈日本女性〉アイデンティティという語義矛盾をみてきた。

ただいっぽうで私たちは、この社会のなかでひとつの安定した位置につきたいと願う気持ちのことを、ただ「オブセッション」と呼んで棄て置くことも慎むべきだろう。同時に私たちが耳にしてきたのは、制度的な位置に自己を落としこむことができない女性たちの苦しさや居心地の悪さ、そしてジレンマであり迷いだった。ここで吐露される心情に寄り添うこともまた必要だろう。ただ問題は、どこにも落ちつけない彼女ら自身ではなく、彼女らにそれを許さない、彼女らに位置を与えない、社会の側にある。「見る」者が受容してくれるカテゴリーを用いないかぎり、彼女らが自身を「見せる」ことはできないから、そこには当然、不安や苦痛が生じることとなる。それを心理的な病理とみなすよりも私たちは、彼女らに流動し混淆するアイデンティティを否定する権力作用について考えなければならない。

だからこそ、社会的サンクションを得た「典型的日本女性」とか「例外的日本女性」とかいう位置にアイデンティフィケイションを行わない、あるいはそうするようにみえてそこから逸れてみたりもする、さらにはそうすることができなくてもがき続ける、日本女性たちのエイジェンシーは重要だ。それは、社会的カテゴリーやイメージを引用するなかでそれらを撹乱していくという、さらにもうひとつの〈交渉〉過程に他ならない。〈日本女性〉がパフォーマティヴに構築される過程における、楽しみや悦び、そして痛みや苦しさや苛立ちや不満を私たちは聴いてきた。その軽さと重みの両方に、女性たちのちからを見出すことができるだろう。

3 〈日本女性〉のエスノグラフィー——方法論的含意

私は本書のなかで、フェミニスト・エスノグラフィーの方法論を採用し、日本女性として日本女性にインタヴューを行い、その内容についてここまで記してきた。この、聴き、そして書くという行為が帯びる政治性を強く意識したうえで。その不可能性を踏まえたうえで。今ある英語圏の日本女性研究の多くが、日本女性が「いる」ということを前提とし、それゆえにオリエンタリズムの枠組みを援用してしまうのに対し、そしてそれらの議論が出発したまさにその地点に終着することが多いのに対し、私は女性たちのエイジェンシーに目を向けようとしてきた。すでに述べたように、抵抗やパロディの戦略が撹乱的効果を持つためには、ある行為をそのように理解し解釈してくれる他者が必要となる。それならば私が、インタヴューという限られた場でしかないとしても、その「見る」他者の位置に立とう。本書の方法論は、この目的のために私が用意した、切りにくい、いびつなかたちの、鈍く光るナイフだ。

したがって伝統的な社会学や人類学とは遠く隔たったところに私はいる。実証主義的なアプローチが目指す、一般的な傾向の抽出とか分類図式の提示とかをいっさい行わず、削ぎ落とすのではなく含み込むことで、ひとつのリアリティを描こうとしてきた。

エスノグラフィーとポートレイチュア

それはサラ・ローレンス‐ライトフットとジェシカ・ホフマン・デイヴィスが伝統的な社会科学の方法を代替するものとして提唱する「肖像画法(portraiture)」――「社会的・文化的文脈における人間の経験の豊かさと複雑性と次元性をとらえようとする」(Lawrence-Lightfoot and Hoffman Davis 1997:3)――の方法に近似する。彼女らは強調する、それまではデータ収集の障害になると考えられてきた要素、特に、行為や制度のおかれた文脈、現場で生じる複数の声、そして調査者と被調査者のあいだに生じる関係にこそ重要性がある、と。そして、「美的かつ経験的に、知性と感性に訴えかけ、情報を与えるとともに刺激を与え、記録と解釈と介入をあわせて行おうとする」(ibid.:xvi)ことが必要だ、と。私がここで試みてきたのもまた、無味乾燥な事実の羅列には陥らない、立体的な、血の通ったエスノグラフィーだ。

しかしながら、「ポートレイチュア」の結果として生まれるのは「肖像画」でしかないという点に、私は留保を余儀なくされる。それは美しく整っているがゆえに、静態的で精気ないものとなりかねない。事実、ローレンス－ライトフットとホフマン・デイヴィスは文脈や声や関係性を強調するものの、そこに孕まれる政治には触れていない。ある文脈や状況を定義できる者とできない者がいて、声を上げることが容易な者と困難な者がいること、そして関係性には差異と序列が含まれていることに、彼女らは関心を払わない。さらに彼女らは、「ポートレイティスト」がつねに調査の主題や目的に意識的に行動することを求めて言う、「調査における出会いは相互的で共感的なものだが、調査を希薄化したり歪曲化したりする感情的地雷原から行為者たちを遠ざけるために、彼女らを弱々しい気持ちにさせないように、境界線はつねにポートレイティストによって引かれなければならない」（ibid.：153）。調査者は、数かずの要素が収斂し型をなし、ひとつのストーリーが浮かびあがってくるのを待つ。そしてそこから結ばれる、有機的で包括的な像こそが、描く者と描かれる者のあいだに適切な距離が保たれた「ポートレイチュア」である。

小林多寿子もまた、「二人のオーサー」という表現で、この「描く」「書く」という問題について論じる。ライフヒストリーには、まず自己の経験を語る第一のオーサーがいて、さらにそれをライフヒストリーとして書き直す第二のオーサーがいる。両者は、前者がいなければ作品は成りたたないが、後者による著者性の賦与もまた不可欠であるという、「共依存的な関係」（小林 2000：102）のもとに置かれている。語りは無秩序に、不安定なプロットのもとに展開されるから、それを時系列的に再構成したり、ある主題のもとに整理したりしなければ、他者にとって理解できるものとはならない。私もまた、六十四名の女性たちの語りを切り刻んではつなぎあわせてきた「第二のオーサー」に違いない。けれど、ここで私が目指したのが小林の強調する「整合性」や「確からしさ」(ibid:110)ではないことは強調しなければならない。そしてインフォーマントたちと私のあいだに起きたのは、協力や同調ばかりでなく、むしろ軋轢や混乱でもあったことを思いださずにはいられない。

相互行為としてのインタヴュー

私の「第一のオーサー」たちのなかには、インタヴューの場に居心地悪そうに座る女性たちがいた。既に述べたように、「私なんて日本女性らしすぎるから」あるいは「日本女性らしくないから」と、調査への協力に二の足を踏む女性も多かったし、特に、私が東京大学の大学院生であると聞いて、「なんか賢いこと言わないといけないんでしょ」、「そんな人の論文に役立つことなんて言えませんから」と躊躇する女性もいた。ある女性はまず、百ページを超える英語の論文を書くということに驚いたあと、私の所属がハワイ大学だけではないことを知り、ひとしきり「何を言えばいいのかわからない」と繰り返した。私がフルタイム勤務をしたことがなく、彼女が日本で大手企業の専門職から団体事務職員に転職したという経験に興味があると話すと、ようやく、彼女は詳しく就職活動や仕事の内容、転職そして留学の経緯を語りだした。その彼女が最後に突然、「将来は主婦になりたいんですよ」と言うので私は驚き、「そんなすばらしい経歴があるのに家で夫を待つなんて」と口にして、彼女の反発を招いたのだった。

いやいやいや、待たないですよ。お腹空いたら食べますから。旅行もするし。flexibleに［柔軟に］家庭のなかに入って、活動したい。主婦文化ってあるじゃないですか、習い事したり、私はその楽しさを知ってるとおもうんですよ。ヨガに行ったりランチして、サロンに行ったり、きれいなお庭よねって。そういう真似事がしたいんだとおもうんですよ、主婦ってできるじゃないですか。きれいなお洋服着て、「だんなには内緒よ」とか言っちゃったりして。そういうのが楽しいなって。はめを外しすぎるのはいやなんですよ、やりすぎるのは何でもいやだから、だから得意なものもないんですよ。これだけをやるっていうのが苦手なんですよ、ちょっといろいろかじりたい。主婦ってその意味で、なんでもできるじゃないですか。

（二八歳、大学院生、ハワイ在住一年）

「家で夫を待つ」という私の偏見を笑い飛ばし、「なんでもできる」という新たな意味を付与する彼女の語りにおいては、同時に、そうした生活が「真似事」でしかないことも付言されている。「東大生」という位置から「社会経験のない者」という位置へ移ることにいったんは成功した私は、ここでまた彼女に「主婦が何かを知らない者」という位置へと押しやられている。私は翻弄されながらも彼女についていくのに必死で、整合的で包括的な像など結べるはずもない。

別の、アーティストとして海外で活躍する女性は、将来の計画を訊ねる私に、「文さんは？」とまず聞き返した。境界を守るべきはずの私は、しかし、ふだん友人に話すように、奨学金のプログラムでハワイで学び、それが終わったら日本の大学院に戻る予定だということを彼女にも伝えたが、彼女はそれを「すごいね」「安定しててうらやましい」と聴いた。調査目的に集中していなければならないはずの私は、しかし、「そんなことないですよ、大学院生も今はたいへんで」と自分の状況も先の見えない不安定なものだということを話し続けた。そして私たちは互いに、海外に出たらどうしても言語面で不利を被ることになるとか人種の問題は避けて通れないとかいうことを「わかる、わかる」とか「そうなんですよね」とかいう相づちを繰り返しながら話しあった。そのあとに彼女はこう語った。

さっきの、将来のことだけどね、どうしよう？ 年齢のことで言うと、私、ここを乗り越えたらもう、怖いものなしになっちゃうんじゃないかとおもう。もうなりそうよ、ほんとに。今はちょっと焦ってるところがあるけど、これを過ぎたら、いいのよ、これでって。焦ってるうちに落ち着こうとおもってるんだけど。んー、その人の性格によるじゃない。落ち着いた方が幸せになれる人と、落ち着ききれない人と。私はどうなんだろう。ちょっとね、主婦になるのも楽かなって。たまに疲れるとおもうよ、養ってもらってって。でも、それが続くと、私はいやかな。やっぱりおもうかもね、戻りたいって。

（?歳、アーティスト、アメリカ本土在住二年・ハワイ在住一年）

最初に将来について聞かれたとき、ここで語られている迷いが、彼女に即答をさせなかったのかもしれない。東大の院生の論文のためには、もっと決然とした、わかりやすい答えが必要だと彼女は感じたのかもしれない。しかし、私がそのアイデンティティから抜けだし彼女と近い位置に移動しようともがくうちに、彼女の迷いはそれとしてことばにされた。そうした型にはまることのない、収斂することのない語りにこそ、私は彼女のリアリティをみる。

さらにもうひとりの女性は、逆に、同じ博士課程の大学院生として私を牽制した。

まず言っておくと、私はフェミニスト理論は嫌いなんですよね。なんでかっていうと、現実に当てはまらない。たとえば日本の女性は虐げられている、ピリオド、みたいな。フェミニズムのクラスもとったことあるけど、しっくりくるのがないんですよね。日本にいたときには oppress されてた［抑圧されてた］んでしょ、とか言われて。

（三八歳、大学院生、ニュージーランド在住一年・ハワイ在住五年）

私が日本女性について研究していると聞いて彼女は、「抑圧」ばかりを見取ろうとする既存の日本女性研究の言説を想起し、そうしたなかに自分の経験を組みこまれたくない、と主張した。私はそこから、たしかに今ある研究には問題があると考えているということ、私も自分がフェミニストなのかどうかという問題には未だに答えられないでいるということを、まるで口頭試問を受けているように、必死に、たどたどしく、説明した。「だからこそ、こういう、ほんとうに日本で働いた経験のある人の話を聴かないとって。本を読むだけじゃなくて」、と。そのあと彼女はじょじょに、具体的な職場や学校での経験について、「patriarchy（家父長制）」とか「marginalization（周縁化）」とかいう術語を用いながら語り、そのなかで、実は日本を離れたのは結婚の問題が理由だったことを明かした。そしてインタヴューの最後に彼女が発した次のことばに、私は多くを感じざるを得なかった。

でもよかった、こういう人で。もっとフェミニストばりばりーって感じの人が来たら、たぶんここまでのことは言ってないね。日本は sexism［性差別］がひどくて、とか言って。
（三八歳、大学院生、ニュージーランド在住一年・ハワイ在住五年）

二時間にわたるインタヴューのなかで彼女が提示したのは、男性中心主義の世界ではありながらも充実感を与えてくれた日本での就労経験であり、しかしその後の個人的な問題で海外に出ることになり、様ざまな苦労をしながらローカル・コミュニティに受け入れられるようになった現在までの軌跡だったが、それは、私という「ばりばりのフェミニストではない」と判ったインタヴュアーに向けて語られたひとつのヴァージョンだということになる。別の文脈で別の関係性においては、彼女は別の声で語るかもしれない。そう最後に示唆することによって彼女は、唯一無二の語りを手に入れようとする、手に入れられると前提している、調査者の予期をひらりと裏切る。

桜井厚もまた、部落差別を調査するなかで調査対象から発せられた、インタヴュアーに拍子抜けの感や落胆を引き起こす「いっぺんも差別されたことない」ということばを紹介している（桜井2002:169)。それは、差別が存在しないという事実を示唆するのではなく、「差別―被差別」という支配的な枠組みの問題性を浮かび上がらせているのだ、と桜井は言う。私たちもまた問うべきだろう、「その文脈からはずれる語りや異なった文脈をもつ語りを、語るに値しないもの、聞くに値しないものとして無視したり、抑圧したりしてはこなかっただろうか」(ibid.)。「抑圧から解放へ」「抑圧から抑圧へ」あるいは「日本女性らしい」「日本女性らしくない」という既存の枠組みのなかで自己呈示するインフォーマントはたしかにいるけれど、彼女らもまたどこかでその直線的なプロットや固定的なカテゴリーから逸れたり外れたりすることがあることを私たちはみてきた。そこで達成される彼女らの自己イメージがあり、そこには当然危険性も孕まれるけれど、やはりそれがパフォーマティヴな構築である以上は、攪乱の契機に開かれてもいることを、私たちは知っている。そのとき、「肖像画」が動きだし、乱れ、綻んだとしても、それは当然のことだ。私は不可能なエスノグラファーであって、ポートレイティストでは決してない。

女性たちはそれぞれに状況を定義し、私をアイデンティファイし、そうして自己呈示を行った――そのそれぞれに何度も変更を加えながら。私の質問を避けたり私の反応を批判したり、私からの距離を近づけたり離したりした彼女らの、「言い淀みや沈黙、矛盾や非一貫性こそ、モデル・ストーリーに裂け目をなし、新しい生成の萌芽である」（桜井 2002:258）と、私たちも考えることができるだろう。そこに、「語りのちから」(ibid.:289)を見出すことができるだろう。

4　空っぽであると同時にあふれ出してもいる——理論的含意

日本女性たちの声を私たちは聞いてきたが、それが聴きとりにくかったり意味がわからなかったりするときにこそ、逆説的に、〈日本女性〉が何かを私たちは知ることができた。日本女性はどこにいるのかと問うことは、〈日本女性〉がどこにもいないはずなのに、しかし生きられてもいるという奇妙な現実を明るみに出す。

ここにおいて〈日本女性〉は、ジョーン・スコットがジェンダーについて言うとおりに、「空っぽであると同時にあふれ出してもいるカテゴリー」だ。

空っぽだというのは、そこに究極の、超越的な意味などないから。あふれ出しているというのは、たとえ固定的に見えたとしても、その内部には、代替的な、否定された、そして抑圧された定義を包含してもいるから。(Scott 1990:49　筆者訳)

本書の第一章において私は、〈日本女性〉が歴史的文化的に、政治的過程のなかで、創りだされたものであることを指摘し、そして第三章においては、それが学術界においても循環する構造を明らかにした。「日本女性性」とか「日本女性らしさ」とか言われるものは、他の社会的集団には見出すことのできない、日本女性に固有の、生得的で本質的なものなどではない。そんなものは、ない。その意味で、〈日本女性〉は空っぽだ。

しかし同時に、このカテゴリーは様ざまな言説空間において参照され利用されてもいる。たとえば海外メディアがエキゾティックでエロティックな日本を表象するときに。あるいは英語圏の女性研究者が日本女性は「日本女性性」を棄てきれていない、と悲嘆に暮れるときに。そしてさらには、国際的な経験を持つ日本女性たちが自分は「日本女性らしい」とか「日本女性らしくない」とか言うときに。そのとき〈日本女性〉は、美しくはかない蝶々であると同時に、停滞する進歩の担い手でもあり、そしてまたアンビヴァレントなアイデンティティでもある。そこにひとつの定義を持ちこむことは不可能だ。〈日本女性〉のなかには異なる、互いに矛盾することさえある、それゆえに撹乱的効果にもつながる意味が、まさに溢れている。

そしてこのことは、ただ〈日本女性〉についてだけ言えることではなく、〈男性〉にも〈西洋〉にも、他のどの社会的カテゴリーについても繰り返し言われなければならない。空っぽであると同時にあふれ出す、創られるとともに生きられる、私たちのリアリティがある。

さらに私たちは、理論的前提として措いた「アイデンティティ」についても再確認することができるだろう。その基盤となる社会的なイメージやカテゴリーの体系は、権力的な構築物ではあるが、しかし完全に支配的なものではない。なぜならそれらは社会的行為者による参照や使用に依存しているから。だから、「すること」であり「なるもの」であるところのアイデンティティは、既存の構造維持に寄与することもあればそれを撹乱することもある。日本女性たちはたしかに、時に彼女らの意志とは関係なく、〈日本女性〉になったりならされたりするが、そこにはつねに、きわめて多様な意味と価値が創発する。〈日本女性〉もまた、「常にその的をはずす呼称」（Butler 1997=1998: 34）に他ならない。社会的なイメージとカテゴリーの拘束力を確認したうえで、私たちは、行為者たちがそれらに直面し、利用し、操作するスペースがあることも見取ってきた。〈日本女性〉は、したがって、完成しえない構築物、絶え間ない、偶発的な、ややこしくてしんどい過程そのものだ。

最後に私は、ひとつのオリエンタリスト的メタファーを引用し濫用し、さらに〈日本女性〉を空っぽにするとともにあふれさせてみよう。日本女性研究者のひとりであるジーン・レンショーは言う、男性中心主義の日本社会・文化のなかで、そして二重に彼女らを他者化しようとする西洋社会・文化のなかで、女性たちは障子戸のうしろを、その姿をぼやかせたまま歩いていく、と（Renshaw 1999）。彼女らはみえなくされていて、どんなに目を凝らしたところで私たちにはっきりとした像は結べない。けれど同時に、彼女らがそこで立てる気配を、時に不安定なピンヒールの、時に楽ちんなサンダルやスニーカーの、あるいは裸足の足音を、私たちは聴きとることができるはずだ。まっすぐに歩くこともあれば、つまずいたり滞ったりする、そのかすかな確かな音を、私たちは拾うことができる。それは幻聴かもしれないし、戸のうしろには誰もいないかもしれない。そして私たちはまた無為に問うのだろう、日本女性はどこにいるのか、と。

あとがき

繰り返し、アイデンティティはやっかいなうえに、とてもしんどいプロセスだ。と同時に私たちが社会生活を営んでいくうえでは避けて通ることができないプロセスでもある。だから私はずっとこのことを考えてきた。他の人がどう考えてきたのか——理論的背景——についても考えたし、どんなふうに考えればいいのか——方法論的背景——についても考えてきた。そのあいだもずっと、東京で、ハワイで、横浜で、私は私なりに日本女性になったりならなかったりして毎日を暮らしてきた。当事者研究とか中範囲の理論とか、そうしたことばに私は強く共感するけれど、同時に、それ以外にどんな方法があり得ただろう、ともおもう。

日本女性である私が日本女性のことを語るという、それだけの、一見すればシンプルなこの企てが、とりもなおさず、やっかいでしんどいプロセスだということを、本書は言う。それは、複雑なものを複雑に描くということの、それ以上でも以下でもない。だから、私がここで試みたのは、とても小さなことにみえるかもしれない。誰も知らないことを世に知らしめるとか、革新的な理論や方法論を打ち立てるとか、悩める人びとに解決策を提示するとか、そういうことではない。みんなが感じているだろうことを、既にある理論や方法論のなかに位置づけながら、もう一度書きなおしてみただけの。その先どうなるのかと問われたら——大学院や学会で何度も経験したように——どうにかなるようなことならもうとっくにどうにかなっているはずでもどうにもなっていないからいかにどうにもならないことかをいおうとしているのです、と、小さい声で言うしかない。

今ある構造をひっくり返すことに興味を示さない私は、ぐずぐずと煮え切らず、歯切れの悪いことばかり言うようだろう。しかし女性たちのリアリティを汲むことだけを目指し、今ある表象をずらしていこうとする、そのためには学術的慣例に背くことも辞さない私の試みは、その意味でラディカルな政治だとおもっている。何が言いたいのか、とか、それでどうしたいのか、という問いには、だから、いろいろあるんです、と答えるしかない。それがじゅうぶんでないとおもうのならば、そのいろいろある現実がどれだけ切り詰められてきたかということを、もういちどいっしょに考えてみてほしい。

本書は、私のふたつの修士論文（「創られるイメージ／生きられるイメージ——〈日本女性〉をめぐるイメージとアイデンティティの社会的構成」東京大学大学院人文社会系研究科、二〇〇一年。"Pivoting on the Imagery : Life Stories and Identity Narratives of Japanese Women in Hawaii" ハワイ大学大学院アジア研究科、二〇〇四年）と、後者をまとめた論文（"Subverting from Within : Images and Identities of Japanese Women." *U.S.-Japan Women's Journal* 29、二〇〇五年）を基にしている。修士論文の執筆および審査の過程では、東京大学およびハワイ大学の先生方、諸先輩、同輩の皆さんから得難い助言をいただいた。特に、指導教授の上野千鶴子先生とパトリシア・スタインホフ先生に私は多くを負っていて、それを返しきれることなどずっとないかもしれないと嘆息する。

また、本書の第二章・第三章は既出の論文（「女が女を語るとき、女が女に語るとき――フェミニスト・エスノグラフィーの（不）可能性」『ジェンダー研究』第九号、二〇〇七年。「人類学／社会学される日本女性――メタ・エスノグラフィーの試み」『カルチュール』第二号一巻、二〇〇八年）に、加筆・修正を行ったものである。加えて、Association for Asian Studies（二〇〇四年）、New York Conference on Asian Studies（二〇〇四年）、Asian Studies Conference Japan（二〇〇五年）、Anthropology of Japan in Japan（二〇〇五年）、そして日本女性学会（二〇〇六年）で私が行った学会発表も、本書のなかで役立てられている。それぞれの雑誌および学会に関わられ、貴重なコメントや質問、そして励ましをくださった方々にこの場を借りてお礼を申しあげたい。

なお、ハワイでの調査研究にあたっては、皇太子奨学金を拝受した。記して感謝したい。

研究生活のなかでは他の多くの方々からも力添えをいただいた。心からの謝意を捧げる。

玉川学園高等部そして明治学院大学教養教育センターでは、掛け値なしにすばらしい学生たちと同僚たちにめぐまれてきた。居心地がよくてなお刺激的な環境を与えられたことに、感謝せずにはいられない。

また、どういう研究をしているの、と尋ねられてもすらりと答えることのできない私は、友人たち、そして家族の寛容にいつも支えられている。わかることなどできないと言うくせに、わかってほしがる私のことを、この本のなかにも見つけられることだろう。

本書を閉じるにあたって、私は、ひとつひとつのインタヴューを鮮明に克明に、そしてとても感傷的に、思い出す。そのときどきに食べたものや着ていたもの、聞こえてきた音や目に入ったもの、そしてそのすべてをいつのまにか忘れて話しこんだ濃密な時間のことを。帰りの電車やバスのなかでメモを見返しながら、くたくたに疲れているはずなのに勇気がみなぎるようだった気分のことを。彼女らのことばが私をこの試みに駆りたてたのだと私は信じているけれど、同時に、彼女らが私の企てに巻きこまれてしまったというのも事実だろう。そうしてくれて、ほんとうにありがとう。ここに私たちの声がちゃんと聞かれますように。

二〇〇八年十一月

北村　文

引用文献

Allison, Anne. 1994. *Nightwork: Sexuality, Pleasure and Corporate Masculinity in a Tokyo Hostess Club*. Chicago: University of Chicago Press.

Allison, Anne. 1996. "Producing Mothers." Anne E. Imamura ed. *Re-Imaging Japanese Women*. Berkeley: University of California Press.

Antaki, Charles and Sue Widdicombe eds. 1998. *Identities in Talk*. London: Sage.

青木保 1990『「日本文化論」の変容:戦後日本の文化とアイデンティティー』中央公論社

ベフ，ハルミ 1997『イデオロギーとしての日本文化論』思想の科学社

Behar, Ruth. 1993. *Translated Woman: Crossing the Border with Esperanza's Story*. Boston: Beacon.

Behar, Ruth. 1996. *The Vulnerable Observer: An Anthropology that Breaks Your Heart*. Boston: Beacon.

Bell, Vikki. 1999. "Performativity and Belonging: An Introduction." Vikki Bell ed. *Performativity and Belonging*. London: Sage.

Ben-Ari, Eyal and Yong Tin Fong Vanessa. 2000. "Twice Marginalized: Single Japanese Female Expatriates in Singapore." Eyal Ben-Ari and John Clammer eds. *Japan in Singapore: Cultural Occurrences and Cultural Flows*. Surrey: Curzon Press.

Benedict, Ruth. 1946. *The Chrysanthemum and the Sword: Patterns of Japanese Culture*. Boston: Houghton Mifflin. = 1972 長谷川松治訳『菊と刀：日本文化の型』社会思想社

Berger, Peter L. 1967. *The Sacred Canopy: Elements of a Sociological Theory of Religion*. New York: Doubleday & Company. = 1979 薗田稔訳『聖なる天蓋：神聖世界の社会学』新曜社

Berger, Peter L. and Thomas Luckmann. 1967. *The Social Construction of Reality: A Treatise in the Sociology of Knowledge*. New York: Doubleday. = 1977 山口節郎訳『日常世界の構成：アイデンティティと

社会の弁証法』新曜社
Bernstein, Gail Lee. 1983. *Haruko's World: A Japanese Farm Woman and Her Community*. Stanford: Stanford University Press.
Bernstein, Gail Lee ed. 1991. *Recreating Japanese Women, 1600-1945*. Berkeley: University of California Press.
Bestor, Theodore C., Patricia G. Steinhoff and Victoria Lyon Bestor eds. 2003. *Doing Fieldwork in Japan*. Honolulu: University of Hawaii Press.
Billig, Michael. 2001. "Humour and Embarrassment: Limits of 'Nice-Guy' Theories of Social Life." *Theory, Culture & Society* 18 (5).
Bolak, Hale C. 1997. "Studying One's Own in the Middle East." Rosanna Hertz ed. *Reflexivity & Voice*. Thousand Oaks: Sage.
Borland, Katherine. 1991. " 'That's Not What I Said': Interpretive Conflict in Oral Narrative Research." Sandra Gluck and Daphne Patai eds. *Women's Words: The Feminist Practice of Oral History*. New York: Routledge.
Bowles, Gloria and Renate Duelli Klein eds. 1983. *Theories of Women's Studies*. London: Routledge & Kegan Paul.
Brah, Avtar, Mary J. Hickman and Maitin Mac an Ghaill eds. 1999. *Thinking Identities: Ethnicity, Racism and Culture*. Basingstoke: Macmillan.
Braidotti, Rosi. 2001. "Becoming-Woman: Rethinking the Positivity of Difference." Elisabeth Bronfen and Misha Kavka eds. *Feminist Consequences: Theory for the New Century*. New York: Columbia University Press.
Brown, Robert. 1995. *Prejudice: Its Social Psychology*. Oxford: Blackwell Publishers. = 1999 橋口捷久・黒川正流編訳『偏見の社会心理学』北大路書房
Brown, Wendy. 2003. "Gender in Counterpoint." *Feminist Theory* 4(3).
Buckley Sandra. 1993. "Altered States: The Body Politics of 'Being-Woman.'" Andrew Gordon ed. *Postwar Japan as History*. Berkeley: University of California Press.
Burr, Vivien. 1995. *An Introduction to Social Constructionism*. London: Routledge. = 1997 田中一彦訳『社会的構築主義への招待』川島書店
Butler, Judith. 1990. *Gender Trouble: Feminism and the Subversion of*

Identity. New York: Routledge. = 1999 竹村和子訳『ジェンダー・トラブル：フェミニズムとアイデンティティの撹乱』青土社
Butler, Judith. 1997. *Excitable Speech: A Politics of the Performative*. New York: Routledge. = 1998 竹村和子訳「触発する言葉：パフォーマティヴィティの政治性」『思想』892
Butler, Judith. 1999. "Preface(1999)" *Gender Trouble: Feminism and the Subversion of Identity, 10th Anniversary Edition*. New York: Routledge.
Clifford, James. 1986. "Introduction: Partial Reality." James Clifford and George E. Marcus eds. *Writing Culture: The Poetics and Politics of Ethnography*. Berkeley: University of California Press. = 1996 春日直樹ほか訳『文化を書く』紀伊國屋書店
Clifford, James and George E. Marcus eds. 1986. *Writing Culture: The Poetics and Politics of Ethnography*. Berkeley: University of California Press. = 1996 春日直樹ほか訳『文化を書く』紀伊國屋書店
Condon, Jane. 1985. *A Half Step Behind: Japanese Women Today*. Tokyo: Charles E. Tuttle.
Condor, Susan. 1990. "Social Stereotypes and Social Identity." Dominic Abrams and Michael A. Hogg eds. *Social Identity Theory: Constructive and Critical Advances*. New York: Harvester Wheatshef.
Craig, Timothy J. ed. 2000. *Japan Pop!: Inside the World of Japanese Popular Culture*. Armonk: M.E. Sharpe.
Creighton, Millie R. 1996. "Marriage, Motherhood, and Career Management in a Japanese 'Counter Culture.'" Anne E. Imamura ed. *Re-Imaging Japanese Women*. Berkeley: University of California Press.
Dalby, Liza C. 1983. *Geisha*. Berkeley: University of California Press.
Delphy, Christine. 1991. "Penser le Genre: Quels Problems?" *Sex et genre, De la hiérarchie entre les sexes,* édité par Hurtig, Kail, Rouch. Paris: éditions du CNRS. = 1998 棚沢直子編訳『女たちのフランス思想』勁草書房
Denzin, Norman K. 1991. *Images of Postmodern Society: Social Theory and Contemporary Cinema*. London: Sage.
Diggs, Nancy B. 1998. *Steel Butterflies: Japanese Women and the American Experience*. Albany: State University of New York Press.

土居健郎 1971『「甘え」の構造』弘文堂
Dower, John W. 1999. *Embracing Defeat: Japan in the Wake of World War II*. New York: New Press. = 2001 三浦陽一・高杉忠明訳『敗北を抱きしめて：第二次大戦後の日本人』岩波書店
Downs, Laura Lee. 1993. "If 'Woman' is Just an Empty Category, Then Why am I Afraid to Walk Alone at Night?: Identity Meets the Postmodern Subject." *Comparative Studies in Society and History* 35 (2).
Du Bois, Barbara. 1983. "Passionate Scholarship: Notes on Values, Knowing and Method in Feminist Social Science." Gloria Bowles and Renate Duelli Klein eds. *Theories of Women's Studies*. London: Routledge & Kegan Paul.
Duelli Klein, Renate. 1983. "How to Do What We Want to Do: Thoughts about Feminist Methodology." Gloria Bowles and Renate Duelli Klein eds. *Theories of Women's Studies*. London: Routledge & Kegan Paul.
Embree, John F. 1939. *Suye Mura: a Japanese Village*. Chicago: University of Chicago Press. = 1978 植村元覚訳『日本の村 - 須恵村』日本経済評論社
Erikson, Erik H. 1968. *Identity: Youth and Crisis*. New York: W. W. Norton. = 1973 岩瀬庸理訳『アイデンティティ：青年と危機』金沢文庫
藤田結子 2008『文化移民：越境する日本の若者とメディア』新曜社
Garfinkel, Harold. 1967. *Studies in Ethnomethodology*. Englewood Cliffs: Prentice-Hall.
Gill, Rosalind. 1995. "Relativism, Reflexivity and Politics: Interrogating Discourse Analysis from a Feminist Perspective." Sue Wilkinson and Celia Kitzinger eds. *Feminism and Discourse: Psychological Perspectives*. London: Sage.
Ginsburg, Faye and Anna L. Tsing eds. 1990. *Uncertain Terms: Negotiating Gender in American Culture*. Boston: Beacon.
Gluck, Sandra Berger and Daphne Patai eds. 1991. *Women's Words: The Feminist Practice of Oral History*. New York: Routledge.
Goffman, Erving. 1959. *The Presentation of Self in Everyday Life*. New York: Doubleday. = 1974 石黒毅訳『行為と演技：日常生活における自己呈示』誠信書房

Goffman, Erving. 1961. *Encounters: Two Studies in the Sociology of Interaction*. Indianapolis: Bobbs-Merrill. = 1985 佐藤毅・折橋徹彦訳『出会い：相互行為の社会学』誠信書房

Goffman, Erving. 1963. *Behavior in Public Places. Notes on the Social Organization of Gathering*. New York: Free Press. = 1980 丸木恵祐・本名信行訳『集まりの構造：新しい日常行動論を求めて』誠信書房

Goffman, Erving. 1963. *Stigma: Notes on the Management of Spoiled Identity*. Englewood Cliffs: Prentice-Hall. = 1970 石黒毅訳『スティグマの社会学：烙印を押されたアイデンティティ』せりか書房

Goffman, Erving. 1967. *Interaction Ritual: Essays on Face-to-face Behavior*. New York: Doubleday& Company. = 1986 広瀬英彦・安江孝司訳『儀礼としての相互行為：対面行動の社会学』法政大学出版局

Goffman, Erving. 1969. *Strategic Interaction*. Philadelphia: University of Pennsylvania Press.

Goodman, Roger, Ceri Peach, Ayumi Takenaka and Paul White eds. 2003. *Global Japan: The Experience of Japan's New Immigrant and Overseas Communities*. London: Routlege.

Hacking, Ian. 1999. *The Social Construction of What?* Cambridge: Harvard University Press.

Hale, Sondra. 1991. "Feminist Method, Process, and Self-Criticism: Interviewing Sudanese Women." Sandra Gluck and Daphne Patai eds. *Women's Words: The Feminist Practice of Oral History*. New York: Routledge.

Hall, Stuart. 1996. "Introduction: Who Needs 'Identity'?" Stuart Hall and Paul du Gay eds. *Questions of Cultural Identity*. London: Sage. = 2001 宇波彰ほか訳『カルチュラル・アイデンティティの諸問題：誰がアイデンティティを必要とするのか』大村書店

Hammond, Phil. ed. 1997. *Cultural Difference, Media Memories: Anglo-American Images of Japan*. London: Cassell.

Haraway, Donna J. 1991. *Simians, Cyborgs, and Women: The Reinvention of Nature*. New York: Routledge.

長谷正人 2000「現実構成主義から遠く離れて」『ソシオロジ』44(3)

Hertz, Rosanna ed. 1997. *Reflexivity & Voice*. Thousand Oaks: Sage.

Hendry, Joy. 1993. "The Role of the Professional Housewife." Janet Hunter

ed. *Japanese Women Working*. London: Routledge.
Hendry, Joy. 1999. *An Anthropologist in Japan*. London: Routledge.
Hobsbawm, Eric and Terence Ranger eds. 1983. *The Invention of Tradition*. Cambridge: Cambridge University Press. = 1992 前田啓治・梶原景昭ほか訳『創られた伝統』紀伊國屋書店
Holstein, James A. and Jaber F. Gubruim. 1997. "Active Interviewing." David Silverman ed. *Qualitative Research: Theory Method and Practice*. London: Sage.
Hume, Lynne and Jane Mulcock. 2004. *Anthropologist in the Field: Cases in Participant Observation*. New York: Columbia University Press.
家田荘子 1991『イエローキャブ：成田を飛び立った女たち』恒友出版
Imamura, Anne E. 1987. *Urban Japanese Housewives: At Home and in the Community*. Honolulu: University of Hawaii Press.
伊野真一 2005「脱アイデンティティの政治」上野千鶴子編『脱アイデンティティ』勁草書房
Ivy, Marilyn. 1995. *Discourses of the Vanishing: Modernity, Phantasm, Japan*. Chicago: University of Chicago Press.
Iwao, Sumiko. 1993. *The Japanese Woman: Traditional Image and Changing Reality*. New York: Free Press.
岩崎信彦・ケリ・ピーチ・宮島喬・ロジャー・グッドマン・油井清光編 2003『海外における日本人、日本のなかの外国人：グローバルな移民流動とエスノスケープ』昭和堂
加藤秀一 1998『性現象論』勁草書房
川橋範子 1997「フェミニストエスノグラフィーの限界と可能性」『社会人類学年報』23
川橋範子 2007「ポストコロニアル・フェミニズム・宗教」宇田川妙子・中谷文美編『ジェンダー人類学を読む：地域別・テーマ別基本文献レビュー』世界思想社
Kelsky, Karen. 2001. *Women on the Verge: Japanese Women, Western Dreams*. Durham: Duke University Press.
Kitzinger, Celia and Alison Thomas. 1995. "Sexual Harassment: A Discursive Approach." Sue Wilkinson and Celia Kitzinger eds. *Feminism and Discourses: Psychological Perspectives*. London: Sage.
児玉実英 1995『アメリカのジャポニズム』中公新書

コバヤシ，オードリー 2003「ジェンダー問題〈切り抜け〉としての移民：日本人女性のカナダ新移住」岩崎信彦・ケリ・ピーチ・宮島喬・ロジャー・グッドマン・油井清光編『海外における日本人、日本のなかの外国人』昭和堂
小林多寿子 2000「二人のオーサー：ライフヒストリーの実践と呈示の問題」好井裕明・桜井厚編『フィールドワークの経験』せりか書房
小橋模子 1996「フェミニスト・エスノグラフィーを考える：調査者と調査参加者の対等な関係をめざして」『女性学年報』17
Kondo, Dorinne K. 1990. *Crafting Selves: Power, Gender, and Discourses of Identity in a Japanese Workplace*. Chicago: The University of Chicago Press.
Kurotani, Sawa. 2005. *Home Away from Home: Japanese Corporate Wives in the United States*. Durham: Duke University Press.
Kuzume, Yoshi. 1990. "Images of Japanese Women in U.S. Writings and Scholarly Works, 1860-1990: Formation and Transformation of Stereotypes." *U.S.-Japan Women's Journal* 8.
Lawrence-Lightfoot, Sara and Jessica Hoffman Davis. 1997. *The Art and Science of Portraiture*. San Francisco: Jossey-Bass.
LeBlanc, Robin M. 1999. *Bicycle Citizens: The Political World of the Japanese Housewife*. Berkeley: University of California Press.
Lebra, Takie S. 1984. *Japanese Women: Constraint and Fulfillment*. Honolulu: University of Hawaii Press.
Lebra, Takie. 1992. "Self in Japanese Culture." Nancy R. Rosenberger ed. *Japanese Sense of Self*. Cambridge: Cambridge University Press.
Lee, Robert G. 1999. *Orientals: Asian Americans in Popular Culture*. Philadelphia: Temple University Press.
Lippmann, Walter. 1922. *Public Opinion*. New York: Harcourt. = 1987 掛川トミ子訳『世論』岩波文庫
Long, Susan O. 1996. "Nurturing and Femininity: The Ideal of Caregiving in Postwar Japan." Anne E. Imamura, ed. *Re-Imaging Japanese Women*. Berkeley: University of California Press.
Ma, Karen. 1996. *The Modern Japanese Butterfly: Fantasy and Reality in Japanese Cross-Cultural Relationships*. Tokyo: Charles E. Tuttle.
Mackie, Vera C. 1997. *Creating Socialist Women in Japan: Gender, Labour*

and Activism, 1900-1937. Cambridge: Cambridge University Press.

マリィ，クレア 2007『発話者の言語ストラテジーとしてのネゴシエーショ《切りぬける・交渉・談判・掛け》ン《合い》行為の研究』ひつじ書房

Markowitz, Fran and Michael Ashkenazi eds. 1999. *Sex, Sexuality and the Anthropologist*. Urbana: University of Illinois Press.

Martinez, D. P. ed. 1998. *The Worlds of Japanese Popular Culture: Gender, Shifting Boundaries and Global Cultures*. Cambridge: Cambridge University Press.

McLendon, James. 1983. "The Office: Way Station or Blind Alley?" In David W. Plath ed. *Work and Lifecourse in Japan*. Albany: State University of New York Press.

Miller, Jody and Barry Glassner. 1997. "The 'Inside' and the 'Outside': Finding Realities in Interviews." David Silverman ed. *Qualitative Research: Theory, Method and Practice*. London: Sage.

Miller, Laura and Jan Bardsley. 2005. "Introduction." Laura Miller and Jan Bardsley eds. *Bad Girls of Japan*. New York: Palgrave.

Miller, Laura and Jan Bardsley eds. 2005. *Bad Girls of Japan*. New York: Palgrave.

Moeran, Brian. 1990. "Rapt Discourses: Anthropology, Japanism and Japan." Eyal Ben-Ari, Brian Moeran and James Valentine eds. *Unwrapping Japan: Society and Culture in Anthropological Perspective*. Honolulu: University of Hawaii Press.

Moeran, Brian. 1995. "Reading Japanese in *Katei Gaho*: the Art of Being an Upperclass Woman." Lise Skov and Brian Moeran eds. 1995. *Women, Media, Consumption in Japan*. Surrey: Curzon Press.

Molony, Barbara. 1991. "Activism Among Women in the Taisho Cotton Textile Industry." Gail Lee Bernstein, ed. *Recreating Japanese Women, 1600-1945*. Berkeley: University of California Press.

Moore, Henrietta L. 1988. *Feminism and Anthropology*. Minneapolis: University of Minnesota.

森岡実穂 2003「プッチーニ《蝶々夫人》における『日本』の政治的表象とジェンダー」氏家幹人・桜井由幾・谷本雅之・長野ひろ子編『日本近代国家の成立とジェンダー』柏書房

Morris-Suzuki, Tessa. 1998. *Re-inventing Japan: Time, Space, Nation*. New

York: M. E. Sharpe.
Mouer, Ross and Yoshio Sugimoto. 1986. *Images of Japanese Society*. London: Kegan Paul International.
中根千枝 1967『タテ社会の人間関係』講談社現代新書
中谷文美 1997「『女性』から『ジェンダー』へ、そして『ポジショナリティ』へ：フェミニスト人類学の系譜」青木保ほか編『個からする社会展望』岩波書店
中谷文美 2001「〈文化〉?〈女〉?：民俗誌をめぐる本質主義と構築主義」上野千鶴子編『構築主義とは何か』勁草書房
Narayan, Kirin. 1993. "How Native is a 'Native' Anthropologist?" *American Anthropologist* 95(3).
Newsweek. 2000. "Rising Daughters: In a Changing Japan, Women Take the Lead." April 3.
Oakley, Ann. 1981. "Interviewing Women: A Contradiction in Terms." Helen Roberts ed. *Doing Feminist Research*. London: Routledge & Kegan Paul.
小平麻衣子 2008『女が女を演じる：文学・欲望・消費』新曜社
Ogasawara, Yuko. 1998. *Office Ladies and Salaried Men: Power, Gender, and Work in Japanese Companies*. Berkeley: University of California Press.
Ohnuki-Tierney, Emiko. 1993. *Rice as Self: Japanese Identities through Time*. Princeton: Princeton University Press.
岡真理 2000『彼女の「正しい」名前とは何か：第三世界フェミニズムの思想』青土社
小川さくえ 2007『オリエンタリズムとジェンダー：「蝶々夫人」の系譜』法政大学出版局
Painter, Andrew A. 1996. "The Telerepresentation of Gender in Japan." Anne E. Imamura ed. *Re-Imaging Japanese Women*. Berkeley: University of California Press.
Parsons, Talcott. 1964. *Social Structure and Personality*. London: Free Press. = 1973 武田良三監訳『社会構造とパーソナリティ』新泉社
Patai, Daphne. 1991. "U.S. Academics and Third World Women: Is Ethical Research Possible?" Sandra Gluck and Daphne Patai eds. *Women's Words: The Feminist Practice of Oral History*. New York: Routledge.

Pharr, Susan J. 1981. *Political Women in Japan: The Search for a Place in Political Life*. Berkeley: University of California Press. = 1989 賀谷恵美子訳『日本の女性活動家』勁草書房
Plummer, Ken. 1983. *Documents of Life: An Introduction to the Problems and Literature of a Humanistic Method*. Boston: G. Allen & Unwin. = 1991 原田勝弘・川合隆男・下田裕身訳『生活記録の社会学：方法としての生活史研究案内』光生館
Plummer, Ken. 1995. *Telling Sexual Stories: Power, Change and Social Worlds*. New York: Routledge. = 1998 桜井厚・好井裕明・小林多寿子訳『セクシュアル・ストーリーの時代：語りのポリティクス』新曜社
Prasso, Sheridan. 2005. *The Asian Mystique: Dragon Ladies, Geisha Girls, & Our Fantasies of the Exotic Orient*. New York: Public Affairs.
Psathas, George. 1988. "Ethnomethodology as a New Development in the Social Sciences." Lecture Presented at Waseda University. = 1989 北澤裕・西阪仰訳『日常性の解剖学：知と会話』マルジュ社
Reinharz, Shulamit. 1983. "Experiential Analysis: a Contribution to Feminist Research." Gloria Bowles and Renate Duelli Klein eds. *Theories of Women's Studies*. London: Routledge & Kegan Paul.
Reinharz, Shulamit. 1997. "Whom Am I?: The Need for a Variety of Selves in the Field." Rosanna Hertz ed. *Reflexivity & Voice*. Thousand Oaks: Sage.
Renshaw, Jean R. 1999. *Kimono in the Boardroom: The Invisible Evolution of Japanese Women Managers*. New York: Oxford University Press.
Roberson, James E. and Nobue Suzuki eds. 2003. *Men and Masculinities in Contemporary Japan: Dislocating the Salaryman Doxa*. London: Routledge.
Roberts, Helen ed. 1981. *Doing Feminist Research*. London: Routledge & Kegan Paul.
Roberts, Glenda S. 1994. *Staying on the Line: Blue-Collar Women in Contemporary Japan*. Honolulu: University of Hawaii Press.
Robertson, Jennifer. 1998. *Takarazuka: Sexual Politics and Popular Culture in Modern Japan*. Berkeley: University of California Press. = 2000 堀千恵子訳『踊る帝国主義：宝塚をめぐるセクシュアルポリティクスと大衆文化』現代書館

Rosenberger, Nancy R. 1992. "Introduction." Nancy R. Rosenberger ed. *Japanese Sense of Self.* Cambridge: Cambridge University Press.

Rosenberger, Nancy R. 2001. *Gambling with Virtue: Japanese Women and the Search for Self in a Changing Nation*. Honolulu: University of Hawaii Press.

Said, Edward W. 1978. *Orientalism*. New York: Pantheon Books. = 1993 板垣雄三・杉田英明・今沢紀子訳『オリエンタリズム』平凡社ライブラリー

酒井千絵 2003「香港における日本人女性の自発的な長期滞在：長期滞在者からみた『香港就職ブーム』」岩崎信彦・ケリ・ピーチ・宮島喬・ロジャー・グッドマン・油井清光編『海外における日本人、日本のなかの外国人：グローバルな移民流動とエスノスケープ』昭和堂

酒井千絵 2007「中国へ向かう日本人：ブームに終わらないアジア就職の現在」『アジア遊学』104

Sakai, Junko. 2000. *Japanese Bankers in the City of London: Language, Culture and Identity in the Japanese Diaspora*. London: Routledge.

坂本佳鶴恵 2005『アイデンティティの権力』新曜社

桜井厚 2002『インタビューの社会学：ライフヒストリーの聞き方』せりか書房

桜井厚編 2003『ライフストーリーとジェンダー』せりか書房

Sato, Machiko. 2001. *Farewell to Nippon: Japanese Lifestyle Migrants in Australia*. Melbourne: Trans Pacific Press.

Scott, Joan Wallach. 1988. *Gender and the Politics of History*. New York: Columbia University Press. = 1992 荻野美穂訳『ジェンダーと歴史学』平凡社

Scott, Joan Wallach. 1995. "Multiculturalism and the Politics of Identity." In John Rajcman ed. *The Identity in Question*. New York: Routledge.

千田有紀 2005「アイデンティティとポジショナリティ：1990年代の『女』の問題の複合性をめぐって」上野千鶴子編『脱アイデンティティ』勁草書房

島津友美子 1996「国際社会で活躍する日本女性：アートを中心に」山下悦子編『女と男の時空 IV 現代』藤原書店

Shotter, John. 1989. "Social Accountability and the Social Construction of 'You.'" John Shotter and Kenneth J. Gergen eds. *Texts of Identity*.

London: Sage.
Silverberg, Miriam. 1991. "The Modern Girl as Militant." Gail Lee Bernstein ed. *Recreating Japanese Women, 1600-1945*. Berkeley: University of California Press.
Skeggs, Beverly. 1997. *Formations of Class and Gender: Becoming Respectable*. London: Sage.
Skov, Lise and Brian Moeran eds. 1995. *Women, Media, Consumption in Japan*. Surrey: Curzon Press.
Smith, Robert J. and Ella Lury Wiswell. 1982. *The Women of Suye Mura*. Chicago: University of Chicago Press. = 1987 河村望・斎藤尚文訳『須恵村の女たち：暮しの民俗誌』御茶の水書房
Stacey, Judith and Susan Elisabeth Gerard. 1990. " 'We are Not Doormats': The Influence of Feminism on Contemporary Evangelicals in the United States." Faye Ginsburg and Anna L. Tsing eds. 1990. *Uncertain Terms: Negotiating Gender in American Culture*. Boston: Beacon.
Stacey, Judith. 1991. "Can There be Feminist Ethnography?" Sandra Gluck and Daphne Patai eds. *Women's Words: The Feminist Practice of Oral History*. New York: Routledge.
Stoler, Ann Laura. 2002. *Carnal Knowledge and Imperial Power: Race and the Intimate in Colonial Rule*. Berkeley: University of California Press.
杉本良夫 1996「日本文化という神話」井上俊・上野千鶴子・大澤真幸・見田宗介・吉見俊哉編『日本文化の社会学』岩波書店
杉島敬志編 2001『人類学的実践の再構築：ポストコロニアル転回以後』世界思想社
杉浦郁子 2002「『レズビアン』という自己：語られる差異とポリティクスをめぐって」好井裕明・山田富秋編『実践のフィールドワーク』せりか書房
Suzuki, Nobue. 2005. "Filipina Modern: 'Bad' Filipino Women in Japan." Laura Miller and Jan Bardsley eds. *Bad Girls of Japan*. New York: Palgrave.
Tamanoi, Mariko Asano. 1990. "Women's Voices: Their Critique of the Anthropology of Japan." *Annual Review of Anthropology* 19.
Tamanoi, Mariko Asano. 1998. *Under the Shadow of Nationalism: Politics and Poetics of Rural Japanese Women*. Honolulu, University of Hawaii

Press.
田中雅一・中谷文美編 2005『ジェンダーで学ぶ文化人類学』世界思想社
Tobin, Joseph J. ed. 1992. *Re-made in Japan: Everyday Life and Consumer Taste in a Changing Society.* New Haven: Yale University Press. = 1995 武田徹訳『「リ＝メイド・イン・ジャパン」とは何か』時事通信社
宇田川妙子 2003「ジェンダーの人類学：その限界から新たな展開に向けて」綾部恒雄編『文化人類学のフロンティア』ミネルヴァ書房
宇田川妙子・中谷文美編 2007『ジェンダー人類学を読む：地域別・テーマ別基本文献レヴュー』世界思想社
上野千鶴子 1986『女は世界を救えるか』勁草書房
上野千鶴子 1996「複合差別論」井上俊・上野千鶴子・大澤真幸・見田宗介・吉見俊哉編『差別と共生の社会学』岩波書店
上野千鶴子 1998a「偏見報道を生む７つの要因」ジパング編集部編『笑われる日本人：『ニューヨークタイムズ』が描く不可思議な日本』ジパング
上野千鶴子 1998b『ナショナリズムとジェンダー』青土社
上野千鶴子 2005「脱アイデンティティの理論」上野千鶴子編『脱アイデンティティ』勁草書房
Uno, Kathleen S. 1993. "The Death of 'Good Wife, Wise Mother'?" Andrew Gordon ed. *Postwar Japan as History.* Berkeley: University of California Press.
Visweswaran, Kamala. 1994. *Fictions of Feminist Ethnography.* Minneapolis: University of Minnesota Press.
Vogel, Suzanne H. 1978. "The Professional Housewife." Merry I. White and Barbara Maloney eds. *Proceedings of the Tokyo Symposium on Women.* Tokyo: International Group for the Study of Women.
White, Merry I. 1988. *The Japanese Overseas: Can They Go Home Again?* Princeton: Princeton University Press.
White, Merry I. 2002. *Perfectly Japanese: Making Families in an Era of Upheaval.* Berkeley: University of California Press.
Widdicombe, Sue. 1998. " 'But You Don't Class Yourself': The Interactional Management of Category Membership and Non-membership." Charles Antaki and Sue Widdicombe eds. *Identities in Talk.* London: Sage.
Wilkinson, Sue and Celia Kitzinger eds. 1995. *Feminism and Discourses: Psychological Perspectives.* London: Sage.

Wolf, Diane L. ed. 1996. *Feminist Dilemmas in Fieldwork*. Boulder: West View Press.
山田礼子 2004『「伝統的ジェンダー観」の神話を超えて：アメリカ駐在員夫人の意識変容』東信堂
山田富秋 1996「アイデンティティ管理のエスノメソドロジー」栗原彬編『差別の社会理論』弘文堂
Yamamoto, Traise. 1999. *Masking Selves, Making Subjects: Japanese American Women, Identity, and the Body*. Berkeley: University of California Press.
Yano, Christine R. 2002. *Tears of Longing: Nostalgia and the Nation in Japanese Popular Song*. Cambridge: Harvard University Asia Center.
Yoshihara, Mari. 2003. "Agent Butterfly." *American Quarterly* 55(1).
好井裕明 1999『批判的エスノメソドロジーの語り：差別の日常を読み解く』新曜社
吉見俊哉 1997「アメリカナイゼーションと文化の政治学」井上俊・上野千鶴子・大澤真幸・見田宗介・吉見俊哉編『現代社会の社会学』岩波書店
吉野耕作 1997『文化ナショナリズムの社会学：現代日本のアイデンティティの行方』名古屋大学出版会

著者略歴

1976年　滋賀県生まれ
2007年　東京大学大学院人文社会研究科博士課程単位取得退学
現　在　明治学院大学教養教育センター専任講師
主　著　『合コンの社会学』（共著，光文社新書，2007年）

日本女性はどこにいるのか
イメージとアイデンティティの政治

2009年2月25日　第1版第1刷発行

著　者　北《きた》村《むら》　文《あや》

発行者　井　村　寿　人

発行所　株式会社　勁《けい》草《そう》書　房

112-0005　東京都文京区水道2-1-1　振替　00150-2-175253
（編集）電話　03-3815-5277／FAX　03-3814-6968
（営業）電話　03-3814-6861／FAX　03-3814-6854
本文組版　プログレス・理想社・青木製本

ISBN978-4-326-65339-3　Printed in Japan

上野千鶴子 編　脱アイデンティティ　四六判　二六二五円

上野千鶴子 編　構築主義とは何か　四六判　二九四〇円

野口裕二　ナラティヴの臨床社会学　四六判　二七三〇円

浅野智彦 編　検証・若者の変貌　失われた10年の後に　四六判　二五二〇円

浅野智彦　自己への物語論的接近　家族療法から社会学へ　四六判　二九四〇円

本田由紀　「家庭教育」の隘路　子育てに強迫される母親たち　四六判　二一〇〇円

本田由紀 編　女性の就業と親子関係　母親たちの階層戦略　A5判　三一五五円

崎山治男　「心の時代」と自己　感情社会学の視座　A5判　四〇九五円

岩村暢子　〈現代家族〉の誕生　幻想系家族論の死　四六判　一八九〇円

岩村暢子　変わる家族　変わる食卓　真実に破壊されるマーケティング常識　四六判　一八九〇円

三井さよ　ケアの社会学　臨床現場との対話　四六判　二七三〇円

＊表示価格は二〇〇九年二月現在。消費税は含まれております。